個人事業の承継マニュアル

税理士
仲宗根宗聡 著

清文社

はじめに

　事業承継とは、事業を後継者に引き継ぐことをいいます。

　円滑に事業承継をするためには、後継者選び、後継者の育成、自社株式や事業用資産の承継方法などのいろいろな課題を、一つ一つ解決することが必要です。

　その課題の一つとして事業承継に関する税金は、経営者・後継者とって悩ましい課題です。

　会社の事業承継の場合は、会社は継続しており、事業承継により会社そのものに係る税金には大きな課題はなく、自社株式の後継者への引継ぎに係る税金が大きな課題となります。そのため、自社株式の評価の引下げや贈与税・相続税の納税猶予・免除制度の活用などの対策が必要となります。

　総務省の『平成26年経済センサス－基礎調査』では、「会社企業」は175万件に対して、「個人経営」は209万件と、企業等全体数の50％超を占めます。

平成26年　経営組織別企業等数		
経営組織	件数	割合
個人経営	2,089,716件	51.0%
会社企業	1,750,071件	42.7%
会社以外の法人	258,497件	6.3%
合　　計	4,098,284件	100%

出典：総務省　平成26年経済センサス－基礎調査

　事業承継は会社の事業承継だけではなく、個人事業の事業承継もあり、会社と同様にいろいろな課題を解決する必要があります。

個人事業の事業承継に関する税金については、会社の事業承継とは異なり自社株式の引継ぎの課題は生じませんが、店舗や工場、商品などの事業用資産そのものの引継ぎ方法が大きな課題となります。

　個人事業の事業承継は、外見上、商売は継続していますが、その事業主は後継者に交代しているため、税金の計算は先代の事業の廃業と同時に、後継者の事業が開業することになりますので、先代の税金の計算と後継者の税金の計算が絡み合います。

　その税金の計算も、所得税、消費税、贈与税、相続税などと多岐にわたります。

　令和元年の税制改正により、個人版事業承継税制も創設され、個人事業の事業承継が促進し、実務的に個人事業の事業承継に取り組む機会が多くなることが予測されます。

　本書では、今後、多くなる個人事業の事業承継の税務についてスムーズに対応できるように、個人版事業承継税制だけではなく、生前の事業承継、相続による事業承継に区分し、それぞれ先代と後継者の絡み合う課税関係を体系的に整理しました。

　本書が個人事業の事業承継に取り組む方たちにとって、お役に立つことができれば幸いです。

令和元年11月

税理士　仲宗根　宗聡

目　次

第1章　個人の事業承継　①

1 個人事業の事業承継と法人の事業承継の違い ………… 4

2 生前の事業承継と相続に伴う事業承継 ……………… 11

3 個人の事業承継は「廃業」と「開業」 ……………… 14

第2章　生前の事業承継　⑲

1 個人事業の廃業 ……………………………… 21

　1 廃業の税務 …………………………………… 21

　2 棚卸資産の取扱い …………………………… 25

　3 事業用資産の取扱い（譲渡した場合） …………… 31

　4 事業用資産の取扱い（低額譲渡した場合） ……… 38

　5 事業用資産の取扱い（贈与した場合） …………… 40

　6 事業用資産の取扱い（賃貸した場合） …………… 41

　7 債権債務の取扱い …………………………… 47

　8 専従者の取扱い（青色事業専従者給与） ………… 51

　9 専従者の取扱い（事業専従者控除） ……………… 53

　10 廃業年の所得計算の注意点 ………………… 54

　11 純損失の取扱い ……………………………… 58

　12 所得税の廃業時の手続 ……………………… 63

　13 小規模企業共済 ……………………………… 72

　14 経営セーフティ共済 ………………………… 78

2 個人事業の開業 ……………………………… 80

　1 開業の税務 …………………………………… 80

　2 棚卸資産の取扱い …………………………… 83

　3 事業用資産の取扱い（譲り受けた場合） ………… 88

4 事業用資産の取扱い（低額譲渡により取得した場合）……… 92

5 事業用資産の取扱い（贈与した場合）………………… 94

6 事業用資産の取扱い（賃借した場合）………………… 96

7 債権債務の取扱い ……………………………………… 98

8 所得税の開業時の手続 ………………………………… 100

9 純損失の取扱い ………………………………………… 112

3 相続時精算課税制度の活用 ……………………………… 114

第3章 相続の伴う事業承継

121

1 個人事業の相続に伴う廃業 ……………………………… 123

1 相続に伴う廃業の税務 ………………………………… 123

2 棚卸資産の取扱い ……………………………………… 127

3 事業用資産の取扱い …………………………………… 128

4 債権債務の取扱い ……………………………………… 130

5 廃業届の提出 …………………………………………… 131

6 青色申告の効力 ………………………………………… 131

7 専従者の取扱い ………………………………………… 132

8 廃業年の所得計算の注意点 …………………………… 133

9 純損失の取扱い ………………………………………… 135

10 予定納税の減額承認申請 ……………………………… 138

2 個人事業の相続に伴う開業 ……………………………… 139

1 相続に伴う開業の税務 ………………………………… 139

2 棚卸資産の取扱い ……………………………………… 142

3 事業用資産の取扱い …………………………………… 143

4 開業届 …………………………………………………… 149

5 青色申告の承認申請 …………………………………… 149

6 専従者の取扱い ………………………………………… 150

7 純損失の取扱い ………………………………………… 151

目　次

第4章　事業承継による消費税の取扱い　153

1 事業承継時の消費税の取扱い ……………………… 154
2 課税期間 …………………………………………… 154
3 確定申告 …………………………………………… 154
4 納税義務の判定 …………………………………… 155
5 消費税のみなし譲渡等 …………………………… 155
6 生前の事業承継の場合 …………………………… 157
7 相続の伴う事業承継の場合 ……………………… 162

第5章　相続税の計算の特例の活用　169

第6章　個人版事業承継税制　175

1 贈与税の納税猶予・免除制度 …………………… 176
2 相続税の納税猶予・免除制度 …………………… 181

第7章　個人事業の労働保険と社会保険　185

1 労働保険 …………………………………………… 187
2 社会保険 …………………………………………… 190

個人の事業承継 Q&A　205

※本書の内容は、令和元年11月1日現在の法令等によっています。

第1章

個人の事業承継

「事業承継」は、大企業、中小企業から個人事業者まで、近年の経済界の共通の課題です。

その事業承継に関する税制も多岐にわたり、複雑になっています。

○個人事業の事業承継と法人の事業承継の違い

個人事業は、事業主自身に帰属するため、事業承継をした場合は、事業の主体（主人公）が先代（父）から後継者（子）へ交代します。

そのため、個人事業の事業承継に関する税制は、先代（父）の課税関係、後継者（子）の課税関係の両方の理解が必要です。

法人は、事業の主体（主人公）は法人（会社）であり、事業承継をした場合でも、法人（会社）そのものは移行なく継続されます。

法人の事業承継は、その法人（会社）の経営者（社長）の交代と資本（自社株式）が移行することをいいます。

そのため、法人の事業承継に関する税制は、主に自社株式の移行に関する課税関係の理解が必要です。

このように、個人事業の事業承継と法人の事業承継では、理解すべき税制が全く異なります。

○生前の事業承継と相続に伴う事業承継

個人事業の事業承継のタイミングは、大きく区分して、①先代が健在のうちに行う事業承継、②先代の相続に伴う事業承継の2通りです。

どちらのタイミングであっても、事業承継日を境目に、事業の主体（主人公）は、先代（父）から（後継者）子へ交代します。

その課税関係も、先代（父）については「廃業」、後継者（子）については「開業」として取扱います。

しかし、この事業承継のタイミングによって、商品や店舗、営業用車両などの先代から後継者への承継方法に違いが生じます。

例えば、事業を営む店舗（先代名義）について、先代が健在のうちに事業承継をする場合は、その店舗を後継者（子）へ譲渡や贈与により名義を変更することもできますが、先代（父）から後継者（子）へ

賃貸することもできます。

　しかし、相続に伴う事業承継の場合は、先代が亡くなっているため、その店舗は相続の対象となります。

　このように、事業承継のタイミングにより課税関係に違いがあることに理解が必要です。

〇個人事業の事業承継は「廃業」と「開業」

　個人事業の事業承継は、事業の主体（主人公）が先代（父）から後継者（子）へ交代します。

　先代（父）は事業承継により、事業の第一線より勇退しますので、先代の事業活動はここで廃業となります。

　後継者（子）は事業承継により、先代より引き継いだ事業をスタートさせますので、後継者の事業活動はここで開業となります。

　個人事業の事業承継に関する税制は、先代（父）については「廃業」に関して、後継者（子）については「開業」に関しての課税関係や手続の理解が必要です。

1 個人事業の事業承継と法人の事業承継の違い

❶ 個人事業とは

　個人事業とは、法人（会社）を設立せず、個人のままで事業（商売）を営むことをいいます。一般的に、自営業ともいい、法人（会社）を設立せずに、商店街などで八百屋、精肉店、鮮魚店、食堂、喫茶店、服飾店を営む方やデザイナー、プログラマー、イラストレーター、カメラマンなどが個人事業に含まれます。

　『〇〇商店』や『△△屋』など、屋号で事業を行うこともありますが、あくまでも事業の主体は、その事業主自身の一個人となります。

　個人事業の権利・義務は、通常、その個人事業主の一個人に帰属します。ここでいう個人事業の権利とは、個人事業で得た収入（売上）などのことであり、その収入は事業主自身のものになります。

　個人事業の義務とは、個人事業のための商品の仕入代金の支払い、事業のための家賃、水道光熱費などの経費の支払義務（債務）は、事業主自身の義務（債務）になります。事業の運転資金として銀行から融資を受けた場合、その借入金も事業のためですが、事業主自身の義務（債務）となります。

　個人事業は、事業そのものと事業主は一心同体の関係になります。

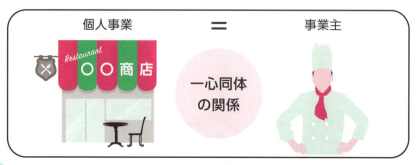

🈐 飲食店を個人事業形態で営んでいる場合は

（事業収入）
日々の売上など
（事業経費）
食材の仕入代金や店舗家賃・水道光熱費など

事業収入−事業経費＝所得

↓帰属

事業主体

事業主

　飲食店の収入はすべて事業主の収入となり、飲食店の経費はすべて事業主が支払います。その事業が黒字であれば、その黒字（所得）は事業主のものとなり、その事業が赤字であれば、その赤字（損失）も事業主のものになります。

　そのため、会社形態とは異なり、事業主はその事業から給料を受け取ることはありません。

❷ 個人事業の承継

　個人事業は、事業主自身の一個人に権利・義務が帰属しますので、個人事業の承継とは、事業の許認可、税務、従業員の雇用関係など、事業上の様々な契約・名義を先代から事業承継を受ける後継者に変更することをいいます。

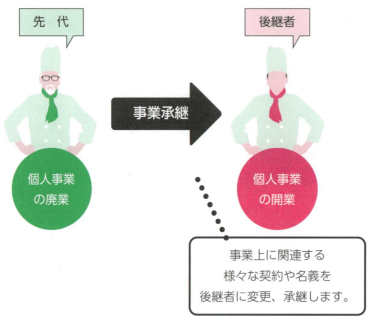

　これらの契約や名義を、正確に先代から後継者に変更できていないと、事業承継後も先代に事業の権利・義務の一部が残ってしまうことになります。

　例えば、収入に関連する契約が後継者に変更されていなければ、その収入は先代に帰属する権利（収入）となり、納税が必要となることも考えられます。

　経費に関連する契約が後継者に変更されていなければ、その支払義務は先代の義務（債務）となります。

❸ 法人（会社）とは

　法人とは、「自然人以外で権利・義務の主体として認められるもの」と民法には定義されています。言い換えると「法律行為ができる組織」となります。

　ここでいう「自然人」とは、個人のことです。自然人は、原則として、契約や物の売り・買いなどの法律行為をすることができる主体となり、その法律行為には、事業（商売）も含まれます。法律行為をすることができる主体のことを、俗に「人格」ともいいます。

　法人は、様々な法律にその法律行為をできる主体として認められた組織のことであり、会社法に基づいて設立される株式会社や合同会社をはじめとして、協同組合、学校法人、宗教法人、一般社団法人、NPO法人など、様々な組織体があります。

　法人とは、「法律によって法律行為のできる人格を得た組織」ともいわれます。（略して「法人」となります。）

　その中でも、事業を行う場合には、一般的に株式会社や合同会社の形態が選ばれますので、ここでは株式会社を前提に解説します。

　法人（会社）は、一般的に、株主の出資により設立され、その設立された法人（会社）の経営を取締役（社長などの役員）が行い、その法人（会社）が、主体となって事業活動を行います。

　中小企業は、社長も株主も同じであることが多く、会社経営の全権限を掌握していることが多いため『会社＝社長』と思われ、その法人（会社）の権利・義務が社長に帰属するものと誤解されることがありますが、あくまでもその法人（会社）に帰属します。

🈺 飲食店を法人形態で営んでいる場合は

（事業収入）
日々の売上など
（事業経費）
食材の仕入代金や店舗家賃・水道光熱費など

事業収入−事業経費＝所得

↓帰属

事業主体

↓役員報酬

経営者（社長）

飲食店の収入はすべて会社の収入となり、飲食店の経費はすべて会社が支払います。その事業が黒字であれば、その黒字（所得）は会社のものとなり、その事業が赤字であれば、その赤字（損失）も会社のものになります。

　飲食店（会社）の収入や黒字は、経営者のものではなく、会社のものです。また、飲食店（会社）の支払い、借入金や赤字は、経営者のものではなく、会社の債務であり、会社の赤字となります。

　経営者（役員）は、その会社の経営への対価として、会社から役員報酬を受け取ることになります。個人事業とは異なり、会社の黒字がすべて経営者のものではないため、会社のお金を無駄遣いや私的に流用した場合には、背任や横領になることがあります。

　また、会社の赤字も経営者のものではありませんので、原則として、会社の経費の支払いや借入金の返済を、経営者の私財で行う必要はありません。しかし、経営者として会社の借入金の連帯保証人になっていたり、経営者の経営責任として、経営者が私財をもって支払いや返済をすることも現状は多くあります。

　あくまでも経営者は、役員報酬・賞与を受け取ることになります。当然、その役員報酬・賞与は、経営が上手くいけば増額することもあり、また、経営が不調であれば減額することもあります。

❹ 法人（会社）の事業承継

　法人（会社）の事業承継には、いくつか承継方法がありますが、一般的には、経営者としての地位を承継するために代表取締役の交代と株主としての地位を承継するために株式の承継が基本となります。

　しかし、法人（会社）の権利・義務は、その法人（会社）に帰属し、事業承継があったとしても、法人（会社）は存続しているため、個人事業のように契約や名義の変更、承継をする必要はありません。

　実務的には、代表取締役の変更に伴い、契約書等の更新手続が必要なこともありますが、これはあくまでも事務的な手続であり、契約などそのものを変更するものではありません。

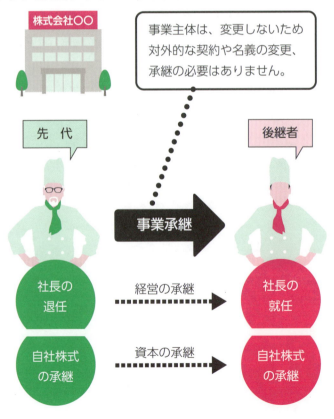

2 生前の事業承継と相続に伴う事業承継

❶ 事業承継のタイミング

　個人事業の事業承継のタイミングは、大きく区分して２通りあり、①先代が健在のうちに行う事業承継（生前の事業承継）、②先代の相続に伴う事業承継となります。

① **生前の事業承継**

　１つ目は先代が健在のうちに行う事業承継です。

　生前の事業承継の場合は、事業承継後に先代が後継者の事業の専従者として従事することもあります。

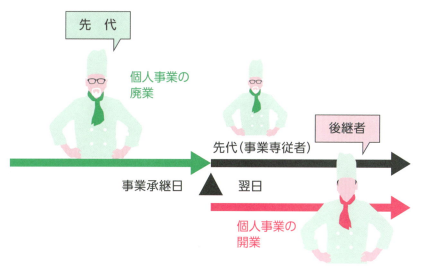

② 相続に伴う事業承継

２つ目は先代からの相続に伴う事業承継です。

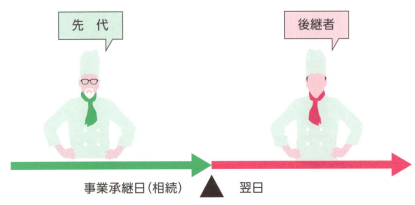

❷ 生前の事業承継

　生前の事業承継は、先代が健在であるため、後継者の指名や事業ノウハウの指導など、後継者への事業承継をスムーズに行うことが可能です。

　しかし、事業用資産の取扱い、事業専従者の取扱いが、後述する相続に伴う事業承継にくらべて、多様化します。

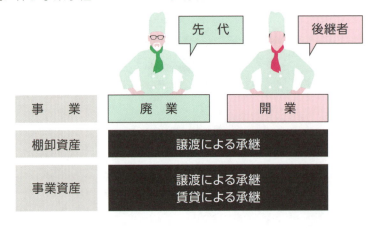

❸ 相続に伴う事業承継

　相続に伴う事業承継は、先代の相続を機会として、後継者への事業承継が発生するため、事業承継の準備を万全にすることが困難なこともあります。

　相続という手続が、介在するため、先述の生前の事業承継に比して、事業承継の手続に手間と時間がかかります。

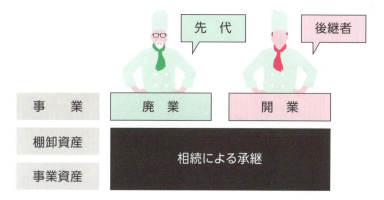

3 個人の事業承継は「廃業」と「開業」

❶ 廃業と開業

　個人事業の事業承継は、先代の「廃業」と後継者の「開業」がベースです。先代の事業活動は、事業承継日を最終日として終了し、廃業となり、事業承継を受ける後継者は、事業承継日の翌日から新たな事業の開業となります。

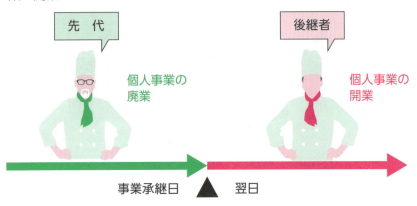

❷ 廃業日と開業日

　通常、事業承継日が廃業日となり、その翌日が開業日となります。

①　生前の事業承継

　生前の事業承継の場合は、事業承継日をいつでも好きな日を選択することができますが、月の中途を選択した場合は経理処理が煩雑になるため、一般的には年末や月末することが多いです。月末を事業承継日とした場合は、後継者はその翌日の月初より開業となります。

　なお、事業承継日と後継者の開業日に、数日のブランクが生じた場

合、そのブランクの数日間の事業収入や経費の帰属が不明確になるため、事業承継日と開業日にブランクが生じないようします。

② 相続に伴う事業承継

　相続に伴う事業承継の場合は、事業承継日は必然的に先代が亡くなられた日となり、その翌日が後継者の開業の日となります。

　相続に伴う事業承継の場合は、葬儀や法要、相続手続に時間を要することもあり、しばらくの間、事業活動を休むことも想定されます。実際の事業活動が、事業承継日の翌日から数日間経過してスタートしたとしても、それは「お店の臨時休業」と考えられます。そのため、一般的には、このような場合も、事業承継日の翌日を開業日とします。

【廃業日と開業日】

	生前の事業承継	相続に伴う事業承継
事業承継日	自由に選択	相続日
先代の廃業日	事業承継日	
後継者の開業日	事業承継日の翌日	

❸ 先代の廃業の手続

　先代は、事業承継日を最終日として廃業となります。

　廃業に伴い、事業に関係する許認可、諸契約、税務、雇用関係について、廃業の手続が必要となります。

【廃業に伴う税務上の手続】

（所得税）個人事業の開業・廃業等届出書
（所得税）所得税の青色申告の取りやめ届出書
（所得税）予定納税の減額承認申請書
（所得税）給与支払事務所等の開設・移転・廃止届出書
（消費税）事業廃止届出書
（地方税）事業開始・変更・廃止申告書

※　状況に応じて提出の必要がない場合もあります。

【廃業に伴う労務上の手続】

（労働保険）労働保険確定保険料申告書
（雇用保険）雇用保険被保険者資格喪失届
（雇用保険）雇用保険適用事業所廃止届
（社会保険）被保険者資格喪失届
（社会保険）健康保険・厚生年金保険適用事業所全喪届

※　状況に応じて提出の必要がない場合もあります。

❹ 後継者の開業の手続

　事業承継を受ける後継者は、事業承継日の翌日から開業となります。

　開業に伴い、事業に関係する許認可、諸契約、税務、雇用関係について、開業の手続が必要となります。

【開業に伴う税務上の手続】

（所得税）個人事業の開業・廃業等届出書
（所得税）所得税の青色申告承認申請書
（所得税）給与支払事務所等の開設・移転・廃止届出書
（所得税）源泉所得税納期の特例の承認に関する申請書
（所得税）青色事業専従者給与に関する届出書
（地方税）事業開始・変更・廃止申告書

※　状況に応じて提出の必要がない場合もあります。

【開業に伴う労務上の手続】

（労働保険）保険関係成立届
（労働保険）労働保険概算保険料申告書
（雇用保険）雇用保険適用事業所設置届
（雇用保険）雇用保険被保険者資格取得届
（社会保険）新規適用届
（社会保険）被保険者資格取得届

※　状況に応じて提出の必要がない場合もあります。

第1章　個人の事業承継

第2章

生前の事業承継

先代が健在のうちに行う事業承継の課税関係は、先代の個人事業の廃業、後継者の個人事業の開業、事業用資産の引継ぎの取扱いの理解が必要です。

○先代の個人事業の廃業

個人の税務は、通常、暦年（1月1日～12月31日）をもって計算します。

事業承継の場合は、年の中途において廃業となることも想定されますので、その場合の所得計算や確定申告などの方法を理解する必要があります。

また、事業承継による廃業に伴い、商品、店舗、営業用車両などの事業用資産を後継者に引き継ぐ必要があり、その引継ぎの課税関係も理解する必要があります。

○後継者の個人事業の開業

事業承継の場合は、年の中途において開業となることも想定されますので、先代と同様に暦年での計算と異なる所得計算などの方法を理解する必要があります。

また、先代より引き継いだ事業用資産の課税関係も重要です。

○相続時精算課税制度の活用

事業承継において、事業用資産の引継ぎの方法は、①譲渡、②贈与、③賃貸の3通りの方法があります。

このうち、②贈与による引継ぎについては、後継者の贈与税の負担が多額なることがあります。その際には、贈与税の特例である「相続時精算課税制度」の活用も考えられます。

1 個人事業の廃業

1 廃業の税務

　事業承継において、先代の個人事業は、事業承継日を最終日として廃業となります。

　廃業の場合の所得計算や確定申告、事業用資産の引継ぎなどには、通常とは異なる取扱いもあります。

❶ 廃業年の事業所得の計算

　廃業年の個人事業の事業所得は、その年１月１日から事業承継日（事業廃止日）までの総収入金額（売上等）から必要経費を控除して計算します。

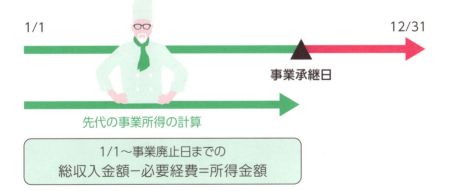

❷ 所得税の計算

所得税の計算は、原則として暦年（その年1月1日から12月31日）を計算期間として、次の手順で計算されます。

① 所得金額の計算

廃業年の所得金額の計算は、廃業日が年の中途であっても、暦年を計算期間として計算します。

廃業年に事業所得以外の所得がある場合は、事業所得とその事業所得以外の所得も含めて、確定申告を行います。

事業承継日後に生じるその他の所得には、次のようなものがあります。

給与所得	事業承継後、後継者の事業の「事業専従者」となった場合
不動産所得	事業承継に伴い、事業用資産（店舗など）を後継者へ賃貸した場合
譲渡所得	事業承継に伴い、事業用資産（店舗など）を後継者へ譲渡した場合
雑所得	事業承継に伴い、事業用資産のうち車両など（土地・建物以外）を後継者へ賃貸した場合

② 所得控除額

　所得控除額の計算などは、その年12月31日現在の支出額や現況に応じて計算します。

【所得控除の種類】

1	雑損控除	その年12月31日現在の支出額等によって計算
2	医療費控除	
3	社会保険料控除	
4	小規模企業共済等掛金控除	
5	生命保険料控除	
6	地震保険料控除	
7	寄付金控除	
8	障害者控除	その年12月31日現在の現況によって計算
9	寡婦（寡夫）控除	
10	勤労学生控除	
11	配偶者控除	
12	配偶者特別控除	
13	扶養控除	
14	基礎控除	

第2章　生前の事業承継

❸ 確定申告

　事業所得の計算は、事業廃止日までに計算しますが、確定申告は、廃業年の翌年2月16日～3月15日の間に確定申告を行います。

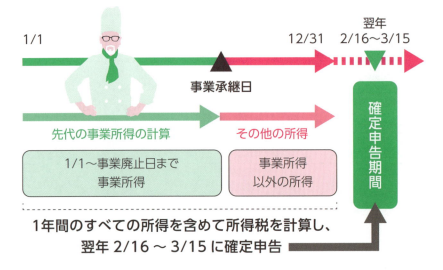

2 棚卸資産の取扱い

様々な個人事業がありますが、食品・日用品・工業製品の販売業や工芸品・機械・金属部品の製造業などのように、棚卸資産を所有する事業も多くあります。廃業時に所有する棚卸資産は、後継者に引継ぐことになり、引継ぎの方法によって所得計算が異なります。

❶ 売上原価の計算（期末棚卸高）

事業所得の計算上、売上原価の計算において、期末における棚卸高により計算します。

しかし、事業承継による廃業の場合は、後継者に棚卸資産は引き継がれますので、期末棚卸高は「0円」で計算します。

また、棚卸資産の後継者への引継ぎは、棚卸資産の譲渡となりますので、先代の事業所得の計算上、売上に計上します。

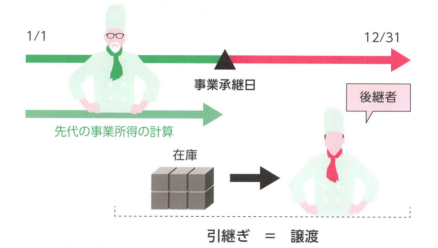

❷ 棚卸資産の引継ぎ

　事業廃止日における棚卸高は、事業承継により、後継者の事業に引き継がれます。
　棚卸資産の引継ぎは、先代から後継者への譲渡となります。
　『有償（通常価額）による移転』、『有償（低額譲渡）による移転』、『無償による移転』により、売上高に計上する取扱いが異なります。
　なお、売上原価（期末棚卸高０円）の取扱いは、すべて同様となります。

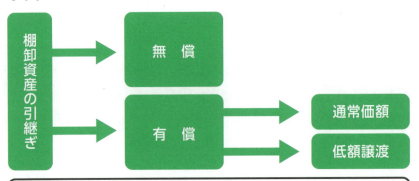

低額譲渡とは、通常の販売価額の70％未満の価額での譲渡が該当します。通常の販売価額の70％以上の価額での譲渡は、通常価額での譲渡の範疇と取扱われます。

❸ 有償（通常価額）による移転

　『有償』で、後継者に移転する場合は、先代から後継者への譲渡（販売）となります。
　その譲渡（販売）対価が、先代の事業所得の計算上、総収入金額（売上高）に計上されます。

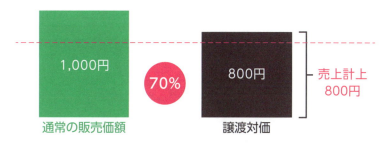

❹ 有償（低額譲渡）による移転

　『低額譲渡』で、後継者に移転する場合は、先代から後継者への有償での譲渡（販売）となりますが、特別な取扱いにより計算されます。
　その譲渡（販売）対価と低額譲渡による「実質的に贈与したと認められる金額」の合計額が、先代の事業所得の計算上、総収入金額（売上高）に計上されます。
　『通常の販売価額×70％』と『譲渡対価』の差額を売上高に追加計上します。

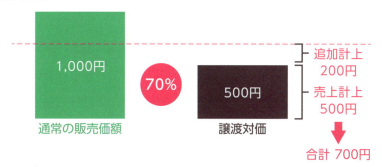

> **参考**

（著しく低い価額の対価による譲渡の意義）

所得税基本通達40－2

　「著しく低い価額の対価による譲渡」とは、棚卸資産の39－1に定める価額（通常の販売価額）のおおむね70％に相当する金額に満たない対価により譲渡する場合の当該譲渡をいうものとする。

（注）譲渡の形式をとっている場合でも、実質的に部分的な贈与をしたと認められる行為は、その実質に着目して課税処理をすることにあるから、棚卸資産を著しく低い対価で譲渡した場合であっても、商品の型崩れ、流行遅れなどによって値引販売が行われることが通常である場合はもちろん、実質的に広告宣伝の一環として、又は金融上の換金処分として行うようなときには、この規定の適用はないことに留意する。

※　後継者に、型崩れ、陳腐化した商品などを、通常の販売価額70％未満の価額にて譲渡した場合には、通常価額では販売できない状態のものであるため、この通達の注書きにあるように、低額譲渡には該当しません。

（実質的に贈与をしたと認められる金額）

所得税基本通達40－3

　「実質的に贈与をしたと認められる金額」とは、棚卸資産の39－1に定める価額（通常の販売価額）とその譲渡の対価の額との差額に相当する金額をいうのであるが、当該棚卸資産の39－1に定める価額（通常の販売価額）のおおむね70％に相当する金額からその対価の額を控除した金額として差し支えない。

❺ 無償による移転

　『無償』で、後継者に移転する場合は、先代から後継者への無償（贈与）になり、特別な取扱いにより計算されます。

　無償（贈与）による移転時における棚卸資産の価額（時価）が、先代の事業所得の計算上、総収入金額（売上高）に計上されます。

　なお、総収入金額（売上高）に計上される金額（時価）とは、通常の販売価額となります。

　しかし、この取扱いの特例があり、総収入金額（売上）に計上される金額は、その棚卸資産の取得価額（原価）以上であり、通常の販売価額の70％以上の金額とすることができます。

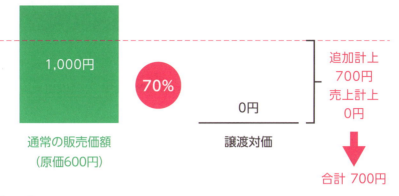

【算式】

原価	通常の販売価額	売上計上額
600円 ≦	1000円×70％＝700円	∴700円

> **参考**
>
> ### （贈与した棚卸資産の価額）
> **所得税基本通達39－1**
> 　所得税法第40条《たな卸資産の贈与等の場合の総収入金額算入》に規定する消費又は贈与、遺贈若しくは譲渡の時における資産の価額に相当する金額は、その消費等をした資産がその消費等をした者の販売用の資産であるときは、当該消費等の時におけるその者の通常他に販売する価額により、その他の資産であるときは、当該消費等の時における通常売買される価額による。
>
> ### （総収入金額算入の特例）
> **所得税基本通達39－2**
> 　事業を営む者が棚卸資産を自己の家事のために消費した場合又は贈与若しくは遺贈をした場合において、当該棚卸資産の取得価額以上の金額をもってその備え付ける帳簿に所定の記載を行い、これを事業所得の金額の計算上総収入金額に算入しているときは、当該算入している金額が、39－1に定める価額（通常の販売価額）に比し著しく低額（おおむね70％未満）でない限り、39－1にかかわらず、これを認める。

❻ 棚卸資産を後継者に引継ぎしなかった場合

　事業承継に伴い、棚卸資産の全部又は一部を後継者に引継ぎしなかった場合は、その引継ぎをしなかった棚卸資産は、先代の所得計算において、先代が自家消費したものとなります。

　自家消費とは、販売するために仕入れた商品を、販売せずに事業主（先代）の家庭（プライベート）において、食べたり、使用したりして消費することをいいます。

　棚卸資産を自家消費した場合には、自家消費時における棚卸資産の価額（時価）が、先代の事業所得の計算上、総収入金額（売上高）に計上されます。

　なお、総収入金額（売上高）に計上される金額（時価）とは、通常の販売価額となります。

　棚卸資産の贈与と同様に特例があり、総収入金額（売上）に計上される金額は、その棚卸資産の取得価額（原価）以上であり、通常の販売価額の70％以上の金額とすることができます。

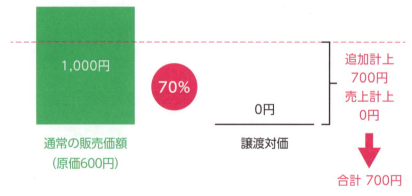

③ 事業用資産の取扱い（譲渡した場合）

　店舗や営業用車両など個人事業のために所有している資産を、後継者に譲渡や貸借の方法で引き継ぎます。譲渡については、譲渡代金の違いによって、所得計算が異なります。

❶ 事業用資産を譲渡した場合

　事業承継に伴い、後継者に事業用資産（店舗、機械、備品、車両など）を譲渡した場合は、先代の譲渡所得となります。

　その譲渡対価によっては、低額譲渡となり、特別な取扱いにより計算されます。

　また、後継者へ譲渡した事業用資産に係る減価償却費・固定資産税を先代の事業所得の必要経費に算入する取扱いが必要です。

❷ 低額譲渡とは

　譲渡所得の基因となる資産（固定資産などが該当し、棚卸資産は該当しない。）を、譲渡時の価額（時価）の2分の1未満の金額で譲渡した場合は低額譲渡に該当し、特別な取扱い（みなし譲渡の規定）により譲渡所得を計算します。

　譲渡対価が、時価の2分の1以上の場合は、低額譲渡に該当しません。

❸ 譲渡所得の計算

　譲渡所得とは、一般的に、土地・建物・車両・機械・株式などの資産を譲渡することによって生ずる所得をいいます。

　ただし、事業用の商品などの棚卸資産や山林などの譲渡による所得は、譲渡所得にはなりません。

① 譲渡所得の計算

　譲渡所得の金額は、次のように計算します。

収入金額－（取得費＋譲渡費用）－特別控除額＝譲渡所得金額

② 収入金額

　収入金額とは、通常、土地・建物・車両・機械・株式などを売ったことによって買主から受け取る金銭等の額となります。

　その受け取った額が、譲渡時の時価の２分の１未満の場合は低額譲渡となり、特別な取扱いにより計算します。

③ 取得費

　取得費とは、譲渡した資産の譲渡原価のことをいいます。

　取得費に含まれるものは、譲渡した資産の購入代金、購入手数料のほか設備費や改良費などの付随費用も含まれます。

なお、建物、機械、車両などの減価する資産（土地以外の資産）の取得費は、購入代金又は建築代金などの合計額から減価償却費相当額を差し引いた金額となります。

資産の区分	取得費
減価しない資産（土地）	購入代価＋付随費用
減価する資産（土地以外）	（購入代価＋付随費用）－減価償却費相当額

減価する資産の取得費の計算は、購入代価と付随費用の合計額から減価償却費相当額を控除して計算しますが、事業用資産、非事業用資産の区分により、減価償却費相当額の計算が異なります。

	減価償却費相当額の計算
店舗などの事業用資産	（減価償却費の累積額） 　取得してから譲渡までの毎年の減価償却費の合計額 　なお、年の中途に譲渡した場合は、その年の年初から譲渡するまでの期間の減価償却費を減価償却費の累積額に含める、含めないかは任意で選択できます。 ※ 仮に毎年の減価償却費の額を必要経費としていない部分があったとしても、所得税の減価償却費の計算は、強制償却のため毎年の減価償却費の合計額とすることに変わりはありません。
住居などの非事業用資産	（減価の額） 　耐用年数の1.5倍の年数に対応する旧定額法の償却率で求めた1年当たりの減価償却費相当額にその資産を取得から譲渡までの経過年数を乗じて計算します。 取得価額×0.9×償却率×経過年数＝減価の額 ※ 経過年数の端数処理 　経過年数の6か月以上の端数は1年とし、6か月未満の端数は切り捨てます。

（年初から譲渡日までの減価償却費を必要経費に計上した場合）

必要経費に計上した場合は、償却費相当分の事業所得が小さくなり、譲渡所得は大きくなります。譲渡所得が赤字になるときは、必要経費に計上することにより節税になります。

（年初から譲渡日までの減価償却費を必要経費に計上しない場合）

必要経費に計上しない場合は、償却費相当分の事業所得が大きくなり、譲渡所得は小さくなります。事業所得が赤字になるときは、必要経費に計上することにより節税になります。

> **参考**
>
> **（譲渡所得の金額の計算上控除する取得費）**
>
> **所得税法第38条**
> 　譲渡所得の金額の計算上控除する資産の取得費は、別段の定めがあるものを除き、その資産の取得に要した金額並びに設備費及び改良費の額の合計額とする。
> 2　譲渡所得の基因となる資産が家屋その他使用又は期間の経過により減価する資産である場合には、前項に規定する資産の取得費は、同項に規定する合計額に相当する金額から、その取得の日から譲渡の日までの期間のうち次の各号に掲げる期間の区分に応じ当該各号に掲げる金額の合計額を控除した金額とする。
> 　一　その資産が不動産所得、事業所得、山林所得又は雑所得を生ずべき業務の用に供されていた期間
> 　　第49条第１項（減価償却資産の償却費の計算及びその償却の方法）の規定により当該期間内の日の属する各年分の不動産所得の金額、事業所得の金額、山林所得の金額又は雑所得の金額の計算上必要経費に算入されるその資産の償却費の額の累積額
> 　二　前号に掲げる期間以外の期間
> 　　第49条第１項の規定に準じて政令で定めるところにより計算したその資産の当該期間に係る減価の額

④　**譲渡費用**

　譲渡費用とは、資産を譲渡するために直接かかった費用のこといいます。修繕費や固定資産税などその資産の維持や管理のためにか

かった費用、売った代金の取立てのための費用などは譲渡費用になりません。

譲渡費用の主なものは次のとおりです。

①	資産を譲渡するために支払った仲介手数料
②	売買契約書に貼付する印紙税で売主負担したもの
③	貸家を譲渡するため、借家人に支払う立退料
④	土地などを譲渡するために、その上の建物を取り壊したときの取壊し費用とその建物の損失額
⑤	既に売買契約を締結している資産を更に有利な条件で売るために支払った違約金

⑤ **特別控除額**

特別控除額とは、土地、建物、株式等以外の資産を譲渡した場合、譲渡所得の計算上、その年の譲渡益の合計額から50万円を控除します。なお、譲渡益の合計額が50万円以下のときは、その金額までしか控除できません。

なお、土地及び建物を譲渡した場合には、その土地・建物が居住用財産に該当する場合、収用等によって譲渡した場合など一定の要件に該当するときは、居住用財産の3,000万円の特別控除、収用等の5,000万円の特別控除などの課税の特例がありますが、個人事業の事業承継に伴い店舗などを後継者に譲渡する場合などに適用される課税の特例は、原則としてありません。

❹ 減価償却費の計算

　事業用資産を後継者に譲渡した場合には、その年1月1日から事業廃止日までの期間の減価償却費を月数按分により計算し、先代の事業所得の計算上、必要経費に計上します。

　なお、後述の「低額譲渡した場合」、「贈与した場合」も同様の取扱いとなります。

（所得税の償却方法）

平成19年3月31日以前に取得した減価償却資産については、「旧定額法」や「旧定率法」などの償却方法で、平成19年4月1日以後に取得する減価償却資産については、「定額法」や「定率法」などの償却方法で減価償却を行います。
平成10年4月1日以後に取得した建物の償却方法は、旧定額法又は定額法のみとなり、平成28年4月1日以後に取得した建物附属設備及び構築物の償却方法は定額法となります。
償却方法は、償却資産の種類ごとに選定し、償却方法の選定の届出が必要です。届出がない場合には、法定償却方法の旧定額法又は定額法で計算することになります。

　年の中途で譲渡した減価償却資産に係るその年の償却費の取扱いについては、事業所得の金額の計算上必要経費に計上するか、事業所得の必要経費に計上せずに譲渡所得の金額の計算上取得費に含めるかは、任意に選択することができます。

❺ 固定資産税の取扱い

　事業用資産に係る固定資産税は、その事業所得の計算上、必要経費に計上できます。固定資産税などの賦課課税される租税の必要経費算入時期は、課税決定がなされ債務確定したものとなります。

　固定資産税は、通常、4月に賦課決定通知が送達されますので、賦課決定通知後に事業承継をする場合は、その全額（1年分）を必要経費計上することができます。

　また、各納期に必要経費に計上することできるため、事業承継までに納期が到来したものを先代の事業所得の必要経費に計上することもできます。

　なお、後述の「低額譲渡した場合」、「贈与した場合」も同様の取扱いとなります。

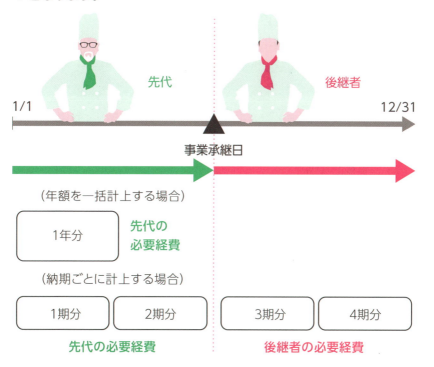

4 事業用資産の取扱い（低額譲渡した場合）

　事業用資産を後継者へ、譲渡により引継ぎをするときに、その譲渡代金が時価の $\frac{1}{2}$ 未満の場合は、低額譲渡となり特別な計算方法となります。

❶ 低額譲渡した場合

　事業承継に伴い、後継者に事業用資産を低額譲渡した場合は、特別な取扱い（みなし譲渡の規定）により計算されます。

❷ 低額譲渡により譲渡損（赤字）が生じる場合

　低額譲渡に該当する譲渡対価により譲渡所得の計算し、譲渡損が生じた場合には、その譲渡損は生じなかったものとみなします。

❸ 低額譲渡により譲渡益（黒字）が生じる場合

　低額譲渡に該当する譲渡対価により譲渡所得の計算し、譲渡益が生じた場合には、その譲渡益がそのまま譲渡所得の金額となります。

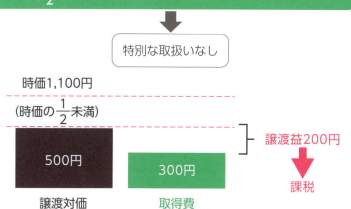

5 事業用資産の取扱い（贈与した場合）

　棚卸資産を後継者へ、贈与により引継ぎをするときは、課税対象となりましたが、事業用資産の場合は課税されません。

　事業承継に伴い、後継者に事業用資産を贈与した場合は、先代の所得税の計算上、みなし譲渡の適用はなく、課税関係は生じません。

　みなし譲渡の取扱いは、個人から法人への贈与には適用がされます。

　なお、贈与者である先代に課税関係は生じませんが、受贈者である後継者には、贈与税の課税関係が生じます。

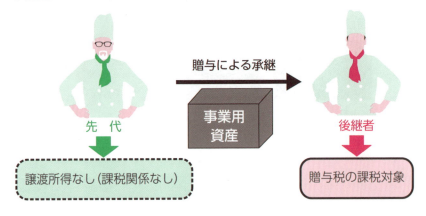

6 事業用資産の取扱い（賃貸した場合）

　事業用資産を後継者へ賃貸した場合の取扱いは、先代と後継者との関係が、生計を一に親族に該当するか否かにより取扱いが大きく異なります。生計を一にする親族間の場合は、特別な取扱いとなります。

　生計を一にするとは、一般的に家計（生活資金）を共有にしている状態のことをいいます。

　まずは、生計を一にしない関係（生計を別にする）を前提に説明します。

❶ 事業用資産を賃貸した場合（生計別の場合）

　事業承継後、後継者に事業用資産を賃貸した場合は、その受け取った賃料は、その賃貸状況に応じて、先代の事業所得、不動産所得、雑所得の総収入金額となります。

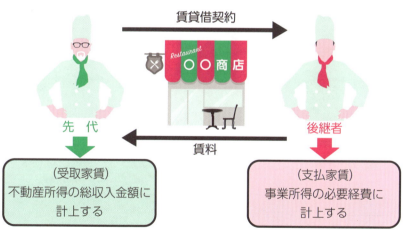

❷ 賃貸した場合の所得区分（生計別の場合）

　後継者に事業用資産を賃貸した場合、その資産の種類、賃貸状況により所得区分は異なります。

資産の種類	所得区分
土地・建物（店舗や工場など）	不動産所得
土地・建物以外（車両や備品、機械など）	雑所得又は事業所得

※　雑所得と事業所得の判断基準は、その賃貸が社会通念上、事業的規模で営まれているものか否かで判断します。

❸ 減価償却費の計算

　事業用資産を後継者に賃貸した場合には、その年1月1日から事業廃止日までの期間の減価償却費を月数按分により計算し、先代の事業所得の計算上、必要経費計上します。

　また、事業承継後も、賃料に係る各種所得の金額の計算上、必要経費計上します。

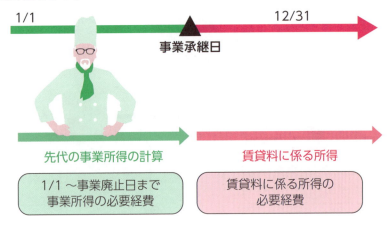

❹ 固定資産税の取扱い（生計別の場合）

　譲渡した場合と同様の取扱いとなり、賦課決定通知後に事業承継をする場合は、その全額（１年分）を必要経費計上することができます。

　また、各納期に必要経費に計上することできるため、事業承継までに納期が到来したものを先代の事業所得の必経費に、事業承継後に納期が到来したものを賃料に係る各種所得の必要経費に計上することもできます。

❺ 生計を一にする親族間の賃貸

　事業用資産を後継者へ賃貸した場合の取扱いは、先代と後継者との関係が、生計を一にする親族である場合は、特別な取扱いとなります。

① 賃料の取扱い

　生計を一にする後継者から受け取った賃料は、先代の各種所得の計算上ないものとみなされ、所得計算上の総収入金額に計上しません。

② 必要経費の取扱い

　生計を一にする後継者に賃貸した事業用資産に係る必要経費（減価償却費や固定資産税など）は、先代の各種所得の計算上ないものとみなされ、所得計算上の必要経費に計上せず、後継者の所得計算上に計上します。

　なお、この生計を一にする親族に対する対価の取扱いは、賃料のみの取扱いではなく、次のようなものにも適用されます。

1	生計を一にする親族名義の事業用資産の賃貸
2	生計を一にする親族への給料
3	生計を一にする親族からの事業資金の融資への利息

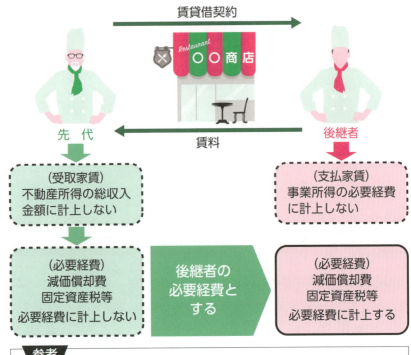

> **参考**
>
> **(生計を一にするの意義)**
>
> **所得税基本通達2-47**
>
> 　法に規定する「生計を一にする」とは、必ずしも同一の家屋に起居していることをいうものではないから、次のような場合には、それぞれ次による。
> (1)　勤務、修学、療養等の都合上他の親族と日常の起居を共にしていない親族がいる場合であっても、次に掲げる場合に該当するときは、これらの親族は生計を一にするものとする。
> 　　イ　当該他の親族と日常の起居を共にしていない親族が、勤務、修学等の余暇には当該他の親族のもとで起居を共にすることを常例としている場合
> 　　ロ　これらの親族間において、常に生活費、学資金、療養費等の送金が行われている場合
> (2)　親族が同一の家屋に起居している場合には、明らかに互いに独立した生活を営んでいると認められる場合を除き、これらの親族は生計を一にするものとする。

※　先代と後継者が、生計を一にする親族に該当するか否かの判断は、同居が判断基準ではなく、あくまでも家計が共有されているかで判断する。

❻ 生計を一にする親族間の無償貸借

　生計を一にする親族間のため、事業用資産を無償貸借（使用貸借）した場合の取扱いは、次のようになります。

① 賃料の取扱い

　無償貸借により賃料の授受がないため、先代の各種所得の計算上の総収入金額の計上はありません。

② 必要経費の取扱い

　生計を一にする後継者に賃貸した事業用資産に係る必要経費（減価償却費や固定資産税など）は、先代の各種所得の計算上ないものとみなされ、所得計算上の必要経費に計上せず、後継者の所得計算上に計上します。

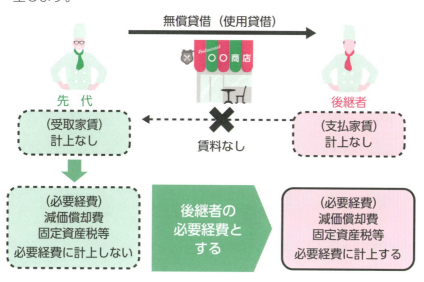

参考

（親族の資産を無償で事業の用に供している場合）

所得税基本通達56-1

　不動産所得、事業所得又は山林所得を生ずべき事業を営む居住者と生計を一にする配偶者その他の親族がその有する資産を無償で当該事業の用に供している場合には、その対価の授受があったものとしたならば法第56条の規定により当該居住者の営む当該事業に係る所得の金額の計算上必要経費に算入されることとなる金額を当該居住者の営む当該事業に係る所得の金額の計算上必要経費に算入するものとする。

※　この通達は、生計を一にする親族の資産を無償で事業の用に供した場合に限定して取扱いを定めています。

　そこで、生計を別とする親族間の場合はどのようになるのでしょうか。一般的には、生計を別にする親族間の無償貸借の場合は、一般的に次のような取扱いとされます。

（生計を別にする親族間の無償貸借の取扱い）

	先代	後継者
賃料	授受がないため 総収入金額に計上なし	支払いがないため 必要経費に計上なし
減価償却費	総収入金額がないため 必要経費に計上なし	通達の適用なし （必要経費に計上なし）
固定資産税	総収入金額がないため 必要経費に計上なし	通達の適用なし※ （必要経費に計上なし）

※　固定資産税を後継者が、実費負担し支払っている場合は、後継者の所得計算上、必要経費に計上しても差し支えないと解されます。

7 債権債務の取扱い

　事業を営んでいれば売掛金、買掛金、借入金などの債権債務が生じます。廃業時に有している債権債務は、後継者へ必ず引き継ぐとは限りません。

❶ 債権債務の取扱い

　事業承継時に存在する売掛金、未収入金、買掛金、未払金、借入金などの債権債務の事業承継における取扱いは、次の2通りがあります。

債権債務	先代	後継者
① 後継者へ引継ぎあり	後継者へ債権債務を譲渡	（承継後） 債権の回収 債務の支払い
② 後継者へ引継ぎなし	（事業廃止後） 債権の回収 債務の支払い	取扱いなし

　後継者へ、債権債務を引継ぎ（譲渡）する場合、先代と後継者の関係は、一般的に親子や親族間のため、その引継ぎについて、契約書を交わしたり、法的な手続きをすることは少ないと思います。しかし、債権債務については、その相手先の債権者（仕入先、金融機関など）、債務者（得意先など）がいますので、債権について債権譲渡契約や得意先への通知、債務については、債務承継同意や契約変更など、法的な手続きを踏まないと、債権者・債務者とのトラブルの原因になることも考えられます。

❷ 債権債務の引継ぎをする場合

　事業承継時に存在する債権債務を、後継者に引継ぎ、その後、後継者がその債権の回収、債務の支払いを行います。

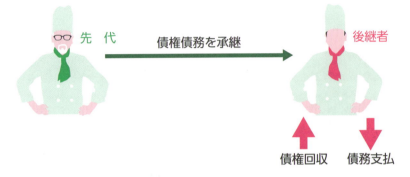

債権の引継ぎ
本来は、取引先ごとに事業承継に伴い、債権を引き継いだ旨の通知などの契約手続を行い、回収時の入金口座の変更通知も併せて行います。しかし、便宜的に特に通知などを行わないことも実務上では見受けられます。
債権の評価（引継ぎ額）
簿価により引継ぎをします。

債務の引継ぎ
本来は、個別に事業承継に伴い債務を引き継ぐ旨を通知し、その債権者の承諾のうえ、契約手続きを行います。 買掛金などは、比較的に容易に引き継ぐことは可能ですが、借入金などは、銀行などの金融機関の与信審査や契約内容によって対応を異なります。
債務の評価（引継ぎ額）
簿価により引継ぎをします。

❸ 債権債務の引継ぎをしない場合

　事業承継時に存在する債権債務を、後継者に引継ぎせずに、その後、先代がその債権の回収、債務の支払いを行います。既に課税関係は完了しているため、その回収時、支払時に課税関係は生じません。

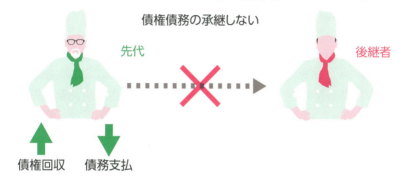

　なお、後継者に引継ぎをしなかった売掛金などの債権が、廃業後、相手先より回収が不能となり貸倒れとなった場合には、その貸倒損失は、先代の事業所得の計算上、必要経費に算入します。

> **参考**
>
> ### （事業を廃止した場合の必要経費の特例）
>
> **所得税法第63条**
>
> 　居住者が不動産所得、事業所得又は山林所得を生ずべき事業を廃止した後において、当該事業に係る費用又は損失で当該事業を廃止しなかったとしたならばその者のその年分以後の各年分の不動産所得の金額、事業所得の金額又は山林所得の金額の計算上必要経費に算入されるべき金額が生じた場合には、当該金額は、その者のその廃止した日の属する年分（同日の属する年においてこれらの所得に係る総収入金額がなかった場合には、当該総収入金額があった最近の年分）又はその前年分の不動産所得の金額、事業所得の金額又は山林所得の金額の計算上、必要経費に算入する。

　なお、事業廃止後、必要経費に算入されるべき金額（貸倒損失）が生じた場合で、既に確定申告を行っている年分に遡及して必要経費算入するときは、更正の請求を行うことになります。

> **参考**
>
> ### （各種所得の金額に異動を生じた場合の更正の請求の特例）
>
> **所得税法第152条**
>
> 　確定申告書を提出した居住者（その相続人を含む。）は、当該申告書に係る年分の各種所得の金額につき第63条（事業を廃止した場合の必要経費の特例）に規定する事実が生じたことにより、国税通則法第23条第1項各号（更正の請求）の事由が生じたときは、当該事実が生じた日の翌日から2月以内に限り、税務署長に対し、当該申告書について、同法第23条第1項の規定による更正の請求をすることができる。

8 専従者の取扱い（青色事業専従者給与）

　生計を一にしている配偶者その他の親族が、事業に従事している場合、これらの親族に給与を支払うことがあります。これらの給与は、原則として必要経費にはなりませんが、次のような特別な取扱いがあります。

先代の申告区分	特別な取扱い
青色申告	（青色事業専従者給与） 一定の要件を満たした場合、実際に支払った給与の額を必要経費とする青色事業専従者給与の特例
白色申告	（事業専従者控除） 事業専従者の数、続柄の別、所得金額に応じて計算される金額を必要経費とみなす事業専従者控除の特例

❶ 青色事業専従者給与

　青色事業専従者給与とは、次の要件を満たした給与であり、その給与は必要経費に算入することができます。

【要件】

①	青色事業専従者に支払われた給与であること。
②	「青色事業専従者給与に関する届出書」を納税地の所轄税務署長に提出していること。
③	「青色事業専従者給与に関する届出書」に記載されている方法により支払われ、その記載されている金額の範囲内で支払われたものであること。
④	青色事業専従者給与の額は、労務の対価として相当であると認められる金額であること。

❷ 青色事業専従者

青色事業専従者とは、次の要件のいずれにも該当する人をいいます。

【要件】

①	青色申告者と生計を一にする配偶者その他の親族であること。
②	その年の12月31日現在で年齢が15歳以上であること。
③	その年を通じて6か月を超える期間（一定の場合には事業に従事することができる期間の2分の1を超える期間）、その青色申告者の営む事業に専ら従事していること。

❸ 青色事業専従者への退職金

先代の廃業に伴い、青色事業専従者へ退職金を支給しても、その退職金は必要経費に計上できません。

生計を一にする親族への給与は、所得税の計算上、原則として必要経費に計上できず、青色事業専従者給与の手続をした場合は、特例として必要経費に計上できます。

青色事業専従者給与は、毎月の給料及び賞与のみを対象とした特例であるため、退職金は対象となりません。

❹ 後継者への給料

後継者が、先代の事業の青色事業専従者に該当している場合は、事業承継日までに支払った青色事業専従者給与は、先代の所得計算上、必要経費に算入することができます。

9 専従者の取扱い（事業専従者控除）

先代が白色申告者で、生計を一にしている配偶者その他の親族が事業に従事しており事業専従者に該当する場合は、特別な取扱いとして事業専従者控除があります。

❶ 事業専従者控除額

事業専従者控除額は、次のイ又はロの金額のどちらか低い金額を必要経費に算入することができます。

イ　事業専従者が

　　事業主の配偶者であれば……86万円

　　配偶者以外のであれば専従者一人につき……50万円

ロ　この控除をする前の事業所得等の金額を専従者の数に1を足した数で割った金額

$$\frac{この控除をする前の事業所得等の金額}{専従者の数＋1}＝限度額$$

❷ 事業専従者

事業専従者とは、次の要件のすべてに該当する人をいいます。

【要件】

①	白色申告者と生計を一にする配偶者その他の親族であること。
②	その年の12月31日現在で年齢が15歳以上であること。
③	その年を通じて6か月を超える期間、その白色申告者の営む事業に専ら従事していること。

第2章　生前の事業承継

⑩ 廃業年の所得計算の注意点

❶ 貸倒引当金は計上できない

　青色申告者の事業所得の計算においては、通常、貸倒引当金を計上することができます。

　しかし、廃業年は貸倒引当金を計上することができません。

　引当金は、将来の費用又は損失を見積計上する特例であり、廃業により翌年度がないため、廃業年は貸倒引当金を計上することができません。

❷ 青色申告特別控除

　青色申告書の事業所得の計算においては、青色申告特別控除（65万円又は10万円）を控除します。

　廃業年においても、その控除額を月数按分することなく、控除額（65万円又は10万円）の全額が控除できます。

【令和元年以前】

青色申告特別控除	主な適用要件
65万円控除	①　不動産所得又は事業所得を生ずべき事業を営んでいること ②　これらの所得に係る取引を正規の簿記の原則（一般的には複式簿記）により記帳していること ③　②の記帳に基づいて作成した貸借対照表及び損益計算書を確定申告書に添付し、この控除の適用を受ける金額を記載して、法定申告期限内に提出すること
10万円控除	65万円控除の要件に該当しない青色申告者

令和２年分以後の所得税の申告については、青色申告特別控除の見直しが行われます。

【令和２年以後】

青色申告特別控除	主な適用要件
65万円控除	① 不動産所得又は事業所得を生ずべき事業を営んでいること ② これらの所得に係る取引を正規の簿記の原則（一般的には複式簿記）により記帳していること ③ 次のいずれかに該当すること 　イ　その年分の事業に係る仕訳帳及び総勘定元帳について、電子帳簿保存を行っていること 　ロ　その年分の所得税の確定申告書、貸借対照表及び損益計算書の提出を、確定申告書の提出期限までにe-Tax（国税電子申告・納税システム）を使用して行うこと。
55万円控除	① 不動産所得又は事業所得を生ずべき事業を営んでいること ② これらの所得に係る取引を正規の簿記の原則（一般的には複式簿記）により記帳していること ③ ②の記帳に基づいて作成した貸借対照表及び損益計算書を確定申告書に添付し、この控除の適用を受ける金額を記載して、法定申告期限内に提出すること
10万円控除	65万円・55万円控除の要件に該当しない青色申告者

❸ 事業税の見込み控除

　所得税の計算上、必要経費に計上される租税は、原則として、その年中に、申告又は賦課により、納付すべき税額が確定したものになります。

　廃業年の所得を基礎に計算される個人事業税については、その年中に税額が確定しないため、特例として、事業税の見込額を廃業年の所得金額の計算上、必要経費に計上することができます。

　事業税の見込額の計算例は、次のようになります。

○物品販売業を営む先代の事業廃止日（6/30）までの
　事業所得の金額の計算（事業税の見込控除前）

　①収入金額　　　　　　　　 5,000,000円
　②青色事業専従者給与額　 1,200,000円
　③その他必要経費　　　　 1,300,000円
　④青色申告特別控除　　　　 100,000円
　⑤事業所得の金額　①－（②＋③）－④＝2,400,000円

○事業税の見込額の計算

$$\frac{（Ⓐ2,400,000＋Ⓑ100,000－Ⓑ1,450,000）×Ⓡ5\%}{（1＋Ⓡ5\%）}$$

事業所得の金額　　青色申告特別控除　　事業税の事業主控除

＝事業税の見込額50,000

※事業税の税率（抜粋）
　物品販売業・飲食店業・運送業等の第1種事業　………5%
　畜産業・水産業・薪炭製造業の第2種事業　　………4%
　医業・弁護士業・税理士業・理容業等の第3種事業………5%
　あんま・マッサージ・はり・きゅう等の第3種事業………3%

参考

（事業を廃止した年分の所得につき課税される事業税の見込控除）

所得税基本通達37－7

　事業税を課税される事業を営む者が当該事業を廃止した場合における当該廃止した年分の所得につき課税される事業税については、37－6にかかわらず、当該事業税の課税見込額を当該年分の当該事業に係る所得の金額の計算上必要経費に算入することができるものとする。この場合において、当該事業税の課税見込額は、次の算式により計算した金額とする。

$$\frac{(A\pm B)R}{1+R}$$

A……事業税の課税見込額を控除する前の当該年分の当該事業に係る所得の金額
B……事業税の課税標準の計算上Aの金額に加算し又は減算する金額
R……事業税の税率

❹ 事業用資産の譲渡がある場合の消費税の取扱い

　事業用資産の後継者への譲渡は、事業に付随して対価を得て行われる資産の譲渡となりますので消費税等が課税されます。（土地や借地権の譲渡は、消費税等は非課税であり課税されません。）

　消費税等が課税となる場合の消費税等の経理処理は、その資産をその用に供していた事業所得を生ずべき業務に係る取引について選択していた消費税等の経理処理と同じ経理処理により行います。事業所得等について選択していた経理処理が税抜経理方式の場合には、譲渡所得の金額を計算するときにおいても税抜経理方式で行います。そして、仮受消費税等と仮払消費税等の清算などの調整は、その事業所得等の計算で行います。

経理方法	譲渡所得の計算
税抜経理	収入金額・取得費・譲渡費用ともに税抜の金額で計算する。
税込経理	収入金額・取得費・譲渡費用ともに税込の金額で計算する。

　また、事業所得等について選択していた経理処理が税込経理方式の場合には、譲渡所得金額を計算するときにおいても税込経理方式で行います。そして、納付すべき消費税等の必要経費への算入や還付される消費税等の総収入金額への算入は、その事業所得等の計算で行います。

11 純損失の取扱い

　純損失が生じた場合は、翌年以後3年間の繰越ができますが、廃業の場合は、翌年以後の所得がないため、実質的に繰越することができません。そのため、純損失の繰戻し還付を適用することをお薦めします。

❶ 青色申告者の純損失の繰越控除

　青色申告者の事業所得に損失（赤字）の金額がある場合で、損益通算の規定により当年分の一定の所得金額と通算しても、なお控除しきれない部分の金額（純損失の金額）が生じたときには、その損失額を翌年以後3年間にわたって繰り越して、各年分の所得金額から控除します。

　これを「純損失の繰越控除」といいます。

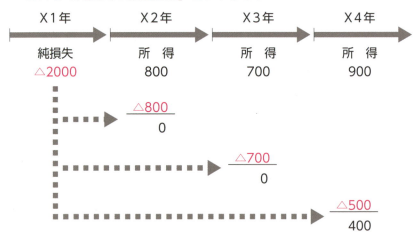

　なお、純損失の繰越控除の適用を受けるためには、純損失の金額が生じた年分の所得税につき確定申告書を提出し、かつ、その後において連続して確定申告書を提出することが必要となります。

❷ 廃業の純損失の繰越控除

　廃業年の事業所得に損失の金額があり、損益通算しても、なお控除しきれない純損失の金額が生じたときは、その純損失の金額は、翌年以後3年間、繰越控除をすることができますが、事業承継により廃業しているため、翌年3年間に繰越控除が可能な所得がない場合は、3年経過後、その純損失は期限切れとなり、繰越控除の対象ではなくなります。

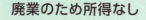
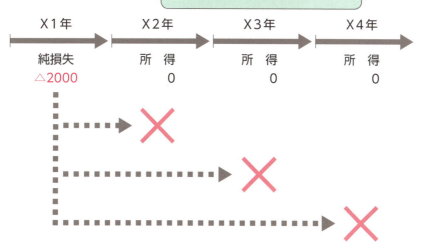

　しかし、事業承継により廃業した先代が、事業廃止年の翌年以後3年以内に、新たに事業を開始し、事業所得等が生じた場合は、繰越控除が可能となります。
　その場合は、純損失が生じた年分以後、連続して確定申告書を提出していることが、純損失の繰越控除の適用のための要件となります。なお、この確定申告書の提出要件は、期限内申告が必須でないため、期限後申告でも要件を満たすことになります。

❸ 純損失の繰戻し還付

　青色申告者に純損失の金額が生じた場合は、純損失の繰越控除に代えて、その年の前年に繰り戻して、前年分の所得税の還付を受けることもできます。

　これを純損失の繰戻し還付といいます。

　廃業年の純損失の金額は、翌年以後に所得が生じない、所得が少ないなど、繰越控除することが難しいケースが考えられるため、この純損失の繰戻し還付を活用することを勧めます。

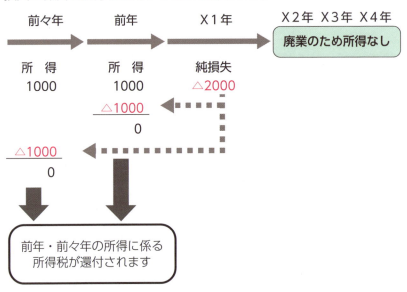

（純損失の金額の繰戻しによる所得税の還付請求書）

税務署受付印

純損失の金額の繰戻しによる所得税の還付請求書

	住　所（〒　－　　）又は事業所・事務所・居所など		職　業	
_____税務署長	フリガナ			
____年____月____日提出	氏　名	㊞	電　話番　号	
	個人番号			

純損失の金額の繰戻しによる所得税の還付について次のとおり請求します。

還 付 請 求 金 額（下の還付請求金額の計算書の㉒の金額）		円

純損失の金額の生じた年分	年分	還付の請求が、事業の廃止、相当期間の休止、事業の全部又は重要部分の譲渡、相続によるものである場合は右の欄に記入してください。	請求の事由（該当する文字を〇で囲んでください。）事業の　廃　止　　休　止　　譲　渡相　続	左の事実の生じた年月日休止期間・・・・・・	この純損失の金額について、既に繰戻しによる還付を受けた事実の有無有・無
純損失の金額を繰り戻す年分（純損失の金額の生じた年の前年分を書きます。）	年分				

還 付 請 求 金 額 の 計 算 書（書き方は裏面に説明してあります。）

				金　　額					金　　額
	A 純損失の金額	純所得	変 動 所 得	①	円	B に繰り戻す純損失の金額	総所得	変 動 所 得	④	円
			そ の 他	②				そ の 他	⑤	
		山 林 所 得		③				山 林 所 得	⑥	
	C 前年分の所得金額	総 所 得		⑦		E 繰戻控除される所得金額	総 所 得		⑮	
		山 林 所 得		⑧			山 林 所 得		⑯	
		退 職 所 得		⑨			退 職 所 得		⑰	
	D Cに対する税額	⑦に対する税額		⑩		F Eに対する税額	⑮に対する税額		⑱	
		⑧に対する税額		⑪			⑯に対する税額		⑲	
		⑨に対する税額		⑫			⑰に対する税額		⑳	
		計（100 円未満の端数は切り捨ててください。）		⑬			計（100 円未満の端数は切り捨ててください。）		㉑	
	源泉徴収税額を差し引く前の所得税額			⑭		純損失の金額の繰戻しによる還付金額（「⑬－㉑」と⑭のいずれか少ない方の金額）			㉒	

還付される税金の受取場所	（銀行等の預金口座に振込みを希望する場合）　　　　銀　　行　　本店・支店金庫・組合　　　　出　張　所農協・漁協　　　　本所・支所預金　口座番号_____	（ゆうちょ銀行の口座に振込みを希望する場合）貯金口座の_____　－_____記号番号_____（郵便局等の窓口受取りを希望する場合）

税務署整理欄	通信日付印の年月日　年　月　日	確認印	整 理 番 号0		一連番号
	番号確認　身元確認□ 済□ 未済	確　　認　　書　　類個人番号カード/通知カード・運転免許証その他（　　　）			

❹ 廃業の場合の繰戻し還付

　廃業年の前年に純損失が生じている場合は、純損失の繰越控除に代えて、その年の前々年に繰り戻して、前々年分の所得税の還付を受けることもできます。

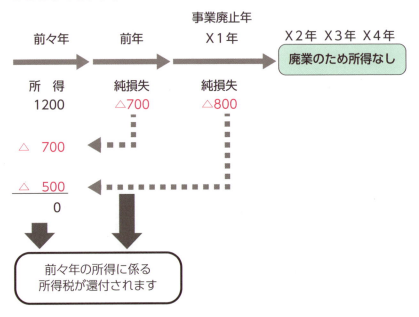

⑫ 所得税の廃業時の手続

個人事業を廃業した場合は、所得税について次の手続が必要です。

（所得税）個人事業の開業・廃業等届出書
（所得税）所得税の青色申告の取りやめ届出書
（所得税）予定納税の減額承認申請書
（所得税）給与支払事務所等の開設・移転・廃止届出書

❶ 個人事業の開業・廃業等届出書

個人事業を廃業する場合は、税務署に「個人事業の開業・廃業等届出書」の提出が必要です。

事業資産を後継者へ賃貸する等により、引き続き、事業所得や不動産所得が生じる場合は、「廃業」とはなりませんので、「個人事業の開業・廃業等届出書」の提出は不要です。

① 提出期限

その廃業の日から1か月以内となります。

② 記載内容

事業承継による廃業の場合は、事業を後継者に承継しますので、廃業（事由）に「事業承継のため」と記載し、承継先に後継者の住所・氏名を記入します。

③ 留意点

廃業に伴い、店舗などの賃貸の契約者変更や金融機関などの手続に伴い、「個人事業の開業・廃業等届出書」の控え（税務署受付済み）の提出を求められることがあります。

（個人事業の開業・廃業等届出書）

```
税務署受付印                                                    1 0 4 0

              個人事業の開業・廃業等届出書
```

	納 税 地	○住所地・○居所地・○事業所等（該当するものを選択してください。） （〒　　　－　　　） （TEL　　　－　　　－　　　）	
＿＿＿＿＿ 税務署長 ＿＿年＿＿月＿＿日提出	上記以外の 住所地・ 事業所等	納税地以外に住所地・事業所等がある場合は記載します。 （〒　　　－　　　） （TEL　　　－　　　－　　　）	
	フリガナ 氏　名　　　　　　　　　　　　印		生年月日 ○大正 ○昭和 ○平成 ○令和　年　月　日生
	個人番号	｜ ｜ ｜ ｜ ｜ ｜ ｜ ｜ ｜ ｜ ｜	
	職　業	フリガナ 屋　号	

個人事業の開廃業等について次のとおり届けます。

届出の区分	○開業（事業の引継ぎを受けた場合は、受けた先の住所・氏名を記載します。） 　住所＿＿＿＿＿＿＿＿＿＿＿＿＿＿＿＿＿　氏名＿＿＿＿＿＿＿＿＿＿ 　事務所・事業所の（○新設・○増設・○移転・○廃止） ○廃業（事由） 　（事業の引継ぎ（譲渡）による場合は、引き継いだ（譲渡した）先の住所・氏名を記載します。） 　住所＿＿＿＿＿＿＿＿＿＿＿＿＿＿＿＿＿　氏名＿＿＿＿＿＿＿＿＿＿
所得の種類	○不動産所得・○山林所得・○事業（農業）所得〔廃業の場合……○全部・○一部（　　　　）〕
開業・廃業等日	開業や廃業、事務所・事業所の新増設等のあった日　　　年　　　月　　　日
事業所等を新増設、移転、廃止した場合	新増設、移転後の所在地　　　　　　　　　　　　　　（電話） 移転・廃止前の所在地
廃業の事由が法人の設立に伴うものである場合	設立法人名　　　　　　　　　　　　代表者名 法人納税地　　　　　　　　　　　設立登記　　　年　　月　　日
開業・廃業に伴う届出書の提出の有無	「青色申告承認申請書」又は「青色申告の取りやめ届出書」　　○有・○無 消費税に関する「課税事業者選択届出書」又は「事業廃止届出書」　　○有・○無
事業の概要 できるだけ具体的に記載します。	

給与等の支払の状況	区　分	従事員数	給与の定め方	税額の有無	その他参考事項
	専従者	人		○有・○無	
	使用人	人		○有・○無	
	計			○有・○無	
源泉所得税の納期の特例の承認に関する申請書の提出の有無			○有・○無	給与支払を開始する年月日　　　年　　月　　日	

関与税理士 （TEL　　　－　　　－　　　）

税務署整理欄	整理番号		関係部門連絡	A	B	C	番号確認	身元確認
	0							□ 済 □ 未済
	源泉用紙交付	通信日付印の年月日	確認印	確認書類 個人番号カード／通知カード・運転免許証 その他（　　　　）				
		年　月　日						

64

❷ 所得税の青色申告の取りやめ届出書

　青色申告の承認を受けており、廃業に伴い、その年以後の青色申告書提出をやめようする場合は、「所得税の青色申告の取りやめ届出書」を提出する必要があります。

① 提出期限

　その年の翌年3月15日までとなります。

② 記載内容

　青色申告を取りやめる年分は、事業を廃止する年の翌年を記載します。

③ 青色申告の効力

　この届出書を提出しない場合は、青色申告の承認の取消しの処分を受けない限り、原則として青色申告の効力は存続します。

　しかし、事業の全部を廃止した場合は、上記❶の届出書の提出の有無は関係なく、廃止年の翌年分以後は青色申告の効力は失います。

④ 留意点

　廃業に伴い、「所得税の青色申告の取りやめ届出書」を提出を失念しても、翌年以後は青色申告の効力は失うため、この届出書の提出がなくても差し支えありません。

　そのため、先代が事業承継の翌年以後に、新たに事業を開業する可能性がある場合は、「所得税の青色申告取りやめ届出書」を提出しない方が得策となります。

　なお、「所得税の青色申告取りやめ届出書」を提出した日以後1年以内に、新たに「所得税の青色申告承認申請書」を提出した場合には、青色申告の承認について却下されることがあります。

（所得税の青色申告の取りやめ届出書）

| 税務署受付印 | | | | | 1 | 1 | 1 | 0 |

所得税の青色申告の取りやめ届出書

_____ 税 務 署 長

_____年 _____月 _____日 提出

納 税 地	●住所地・●居所地・●事業所等（該当するものを選択してください。） （〒　　－　　　） （TEL　　－　　　－　　　）
上記以外の 住 所 地 ・ 事 業 所 等	納税地以外に住所地・事業所等がある場合は記載します。 （〒　　－　　　） （TEL　　－　　　－　　　）

フ リ ガ ナ		生年月日	●大正 ●昭和 ●平成 ●令和　　年　月　日生
氏 名	㊞		

職 業		フリガナ	
		屋 号	

令和____年分の所得税から、青色申告書による申告を取りやめることとしたので届けます。

1　青色申告書提出の承認を受けていた年分

　　　____年分から　　　　____年分まで

2　青色申告書を取りやめようとする理由（できるだけ詳しく記載します。）

3　その他参考事項

関与税理士						
 （TEL　　－　　　－　　　）						

税務署整理欄	整 理 番 号	関係部門連絡	A	B	C		
	0						
	通 信 日 付 印 の 年 月 日	確認印					
	年　　月　　日						

66

❸ 予定納税の減額承認申請書

　先代が予定納税の対象となっている場合、事業承継により廃業をした場合でも、予定納税の対象となります。
　そのため、廃業後に到来する予定納税をさけるためには、予定納税の減額承認の手続が必要となります。

① **予定納税制度**

　その年の５月15日現在において確定している前年分の所得金額や税額などを基に計算した金額（予定納税基準額）が15万円以上である場合、その年の所得税及び復興特別所得税の一部をあらかじめ納付するという制度があります。この制度を予定納税といいます。

　予定納税基準額が15万円以上になる人は、予定納税額が所轄税務署長からその年の６月15日までに、書面で通知されます。

② **予定納税基準額の計算**

　予定納税基準額は、原則として、前年分の申告納税額がそのまま予定納税基準額となります。

③ **予定納税額の納付**

　予定納税は、予定納税基準額の３分の１の金額を、第１期分として７月１日から７月31日までに、第２期分として11月１日から11月30日までに納めることになっています。

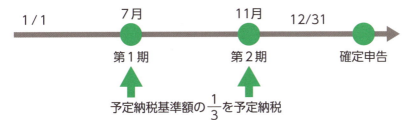

④ 予定納税の減額承認申請

　その年の６月30日の現況で所得税及び復興特別所得税の見積額が予定納税基準額よりも少なくなる人は、７月15日までに所轄の税務署長に「予定納税額の減額申請書」を提出して承認されれば、予定納税額は減額されます。

　なお、第２期分の予定納税額だけの減額申請は11月15日までです（この場合には、10月31日の現況において見積ることとなります。）。

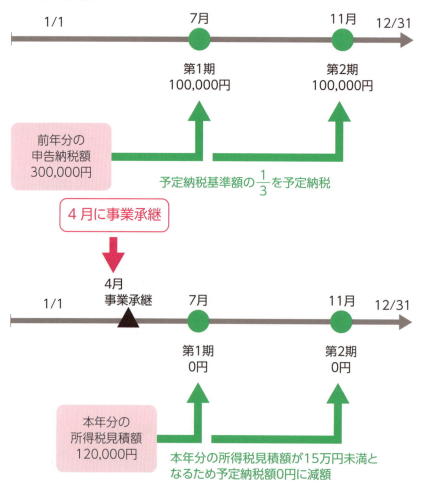

（予定納税額の７月（11月）減額承認申請書）

令和元年分所得税及び復興特別所得税の
予定納税額の７月（11月）減額申請書

11月減額申請の場合は「7月」の文字を抹消してください。

＿＿＿＿＿＿税務署長

令和＿＿年＿＿月＿＿日提出

住　所 （又は事業所、事 務所・居所など）	（〒　　－　　　）	職　業	
フリガナ 氏　名		㊞ 電話 番号	

令和元年分の予定納税額について次のとおり減額の申請をします。

		通知を受けた金額	申　請　金　額
予定納税基準額又は申告納税見積額		円	円
予　定 納税額	第　１　期　分		
	第　２　期　分		

○「通知を受けた金額」欄には、「令和元年分所得税及び復興特別所得税の予定納税額の通知書」に記載されている金額をそのまま書いてください。
　　ただし、11月減額申請の場合で、既に7月減額申請により減額の承認があった方は、その「減額申請の承認通知書」から転記してください。
○「申請金額」欄には、下の「申告納税見積額等の計算書」で計算した「申告納税見積額（㊴の金額）」、「予定納税額（㊵、㊶の金額）」をそれぞれ
　　書いてください。

1　減額申請の理由（該当する項目を　◯　で囲んでください。）
　　廃業　休業　失業　災害　盗難　横領　医療費　その他（業況不振、控除対象扶養親族・障害者等の増加など）

2　減額申請の具体的理由（例えば、「◯年◯月◯日に事業を法人組織とし、個人事業を廃止したため」というように書いてください。）

....
....
....

3　添付書類の名称（申告納税見積額の計算の基礎となった資料として添付する書類の名称を書いてください。）

(1)... (3)...
(2)... (4)...

申告納税見積額等の計算書（書き方は裏面を参照してください。）

			申請金額				申請金額
令和元年分の所得金額の見積額	営業等・農業	①	円	課税される所得金額	⑥に対する金額 ㉓に対する金額 ⑨に対する金額	㉓	円
	不　動　産	②				㉔	
	利　　子	③				㉕	
	配　　当	④		税	上の㉓に対する税額	㉖	
	給　　与	⑤			上の㉔に対する税額	㉗	
	雑	⑥			上の㉕に対する税額	㉘	
	総合譲渡・一時	⑦		額	合　　計	㉙	
	合　　計	⑧			配当控除	㉚	
		⑨			投資税額等の控除	㉛	
		⑩			（特定増改築等）住宅借入金等特別控除		
所得から差し引かれる金額	雑　損　控　除	⑪			政党等寄附金等特別控除	㉜	
	医療費（特例）控除	⑫			住宅耐震改修特別控除、住宅特定改修・認定住宅新築等特別税額控除	㉝	
	社会保険料控除 小規模企業共済等掛金	⑬			差引所得税額（㉙－㉚－㉛－㉜－㉝）（赤字のときは0と書いてください。）	㉞	
		⑭			災害減免額、所得税に係る外国税額控除額	㉟	
	生命保険料控除	⑮			所得税に係る源泉徴収税額（源泉徴収税額×100/102.1）	㊱	
	地震保険料控除				再差引所得税額（㉞－㉟－㊱）（赤字のときは0と書いてください。）	㊲	
	寄附金控除	⑯			㊲　×　２．１％	㊳	
	障害者・寡婦 寡夫・勤労学生控除	⑰			申告納税見積額（㊲＋㊳）（15万円未満のときは0と書いてください。）	㊴	
	配偶者控除	⑱		予定 納税額	第　１　期　分	㊵	
	配偶者特別控除	⑲			第　２　期　分	㊶	
	扶養控除	⑳					
	基礎控除	㉑	380,000				
	合　　計	㉒					

ご注意

◎この申請書の提出期限は、原則として、7月減額申請の場合は**7月16日**、11月減額申請の場合は**11月15日**です。
◎予定納税額は**7月減額申請**と**11月減額申請**とでは計算のしかたが異なりますからご注意ください。
◎変動所得・臨時所得のある方は税務署にお尋ねください。

	通信日付印の年月日	確認印	整理番号	青白区分	振替納税利用金融機関番号	一連番号
	年　月　日		0 1			

第2章

生前の事業承継

69

❹ 給与支払事務所等の開設・移転・廃止届出書

　源泉所得税の管理のために、給与等の支払事務を行う事務所等を開設や廃止した場合に、この届出書の提出が必要となります。

　給与等の支払いがない場合は、この届出書の提出は必要ありません。

① 提出期限

　その廃業の日から1か月以内となります。

② 留意点

　廃業した場合には、「個人事業の開業・廃業等届出書」を提出することになっていますので、この「給与支払事務所等の開設・移転・廃止届出書」を、本来は提出する必要はありませんが、実務上、この届出書の提出をしていることがあります。

参考

（給与等の支払をする事務所の開設等の届出）

所得税法第230条

　国内において給与等の支払事務を取り扱う事務所、事業所その他これらに準ずるものを設け、又はこれらを移転し若しくは廃止した者は、その事実につき所得税法第229条（開業・廃業の届出）の届出書を提出すべき場合を除き、財務省令で定めるところにより、その旨その他必要な事項を記載した届出書を、その事実があつた日から一月以内に、税務署長に提出しなければならない。

（給与支払事務所等の開設・移転・廃止届出書）

※整理番号　[ ]

給与支払事務所等の開設・移転・廃止届出書

税務署受付印		
	事務所開設者	住所又は本店所在地	〒　　　　　　　電話（　　　）　　−
令和　　年　　月　　日		（フリガナ）	
		氏名又は名称	
税務署長殿		個人番号又は法人番号	↓個人番号の記載に当たっては、左端を空欄とし、ここから記載してください。
所得税法第230条の規定により次のとおり届け出ます。		（フリガナ）	
		代表者氏名	㊞

（注）　「住所又は本店所在地」欄については、個人の方については申告所得税の納税地、法人については本店所在地（外国法人の場合には国外の本店所在地）を記載してください。

開設・移転・廃止年月日	平成・令和　　　年　　　月　　　日	給与支払を開始する年月日	平成・令和　　　年　　　月　　　日

〇届出の内容及び理由
（該当する事項のチェック欄□に✓印を付してください。）

		「給与支払事務所等について」欄の記載事項
		開設・異動前	異動後
開設	□ 開業又は法人の設立		
	□ 上記以外　※本店所在地等とは別の所在地に支店等を開設した場合	開設した支店等の所在地	
移転	□ 所在地の移転	移転前の所在地	移転後の所在地
	□ 既存の給与支払事務所等への引継ぎ（理由）□ 法人の合併　□ 法人の分割　□ 支店等の閉鎖　□ その他（　　　　　　　　　　）	引継ぎをする前の給与支払事務所等	引継先の給与支払事務所等
廃止	□ 廃業又は清算結了　□ 休業		
その他（　　　　　　　　　　　　　）		異動前の事項	異動後の事項

〇給与支払事務所等について

	開設・異動前	異動後
（フリガナ）氏名又は名称		
住所又は所在地	〒　　　　　　電話（　　　）　　−	〒　　　　　　電話（　　　）　　−
（フリガナ）責任者氏名		

従事員数	役員　　　人	従業員　　　人	（　　）人	（　　）人	（　　）人	計　　　人

（その他参考事項）

税理士署名押印		㊞

※税務署処理欄	部門	決算期	業種番号	入力	名簿等	用紙交付	通信日付印	年月日	確認印
	番号確認	身元確認　□ 済　□ 未済	確認書類　個人番号カード／通知カード・運転免許証　その他（　　）						

（規格A4）

01.06 改正

13 小規模企業共済

先代が小規模企業共済に加入している場合は、廃業は共済金の支給事由に該当し、共済金を受取ることができ、原則として退職所得として課税されます。

❶ 小規模企業共済

小規模企業共済は、個人事業の事業主の方が、廃業したときに、その後の生活資金などのために積立てる共済制度です。

小規模企業の経営者のための「退職金制度」ともいえます。

❷ 掛金の取扱い

小規模企業共済の掛金は、その全額が小規模企業共済等掛金控除として所得控除の対象となります。事業所得の必要経費ではありません。

❸ 共済金の取扱い

廃業は、小規模企業共済の共済金の請求事由に該当し、共済金が支給されます。その共済金は、一般的に「一括受取り」 をすることが多いですが、一定の要件を満たしたときは「分割受取り」、「一括受取りと分割受取りの併用」を選択することもできます。

それぞれの受取り方法により、課税方法は次のとおりとなります。

受取方法	課税方法
一括受取り	退職所得
分割受取り	公的年金等の雑所得
一括・分割の 併用受取り	（一括分）退職所得 （分割分）公的年金等の雑所得

❹ 退職所得

　退職所得とは、通常、退職により勤務先から受ける退職手当などの所得をいいますが、小規模企業共済の廃業による共済金も退職所得とみなされます。

① 退職所得の計算

　退職所得の金額は、次のように計算します。

$$\left(\boxed{収入金額} - \boxed{\begin{array}{c}退職所得\\控除額\end{array}} \right) \times \frac{1}{2} = \boxed{\begin{array}{c}退職所得\\の金額\end{array}}$$

② 退職所得控除額

　退職所得控除額は、次のように計算します。

勤続年数（A）	退職所得控除額
20年以下	40万円×A （80万円未満の場合は、80万円）
20年超	800万円＋70万円×（A－20年）

　なお、小規模企業共済の共済金の場合は、小規模企業共済の加入期間が勤続年数として計算されます。

③ 退職所得の課税方法

　所得税の計算は、原則として事業所得、不動産所得や給与所得などを合算（総合）して、その合計額を基に所得税率（超過累進税率）を適用して計算され、これを総合課税といいます。

　しかし、退職所得は、事業所得などと合算（総合）せずに、単体（分離）で所得税率を適用して、退職所得に係る所得税額が計算され、これを分離課税といいます。分離課税とすることにより、適用される所得税率（超過累進税率）を抑える効果があります。

> **参考**
>
> **（退職手当等とみなす一時金）**
>
> **所得税法施行令第72条第3項第3号イ**
>
> 　所得税法第31条（退職手当等とみなす一時金）第3号に規定する政令で定める一時金は、次に掲げる一時金とする。
>
> 一　　　　　　　〜省略〜
>
> 二
>
> 三　独立行政法人中小企業基盤整備機構が支給する次に掲げる一時金
>
> 　イ　所得税法第75条第2項第1号（小規模企業共済等掛金控除）に規定する契約に基づいて支給される小規模企業共済法第9条第1項（共済金）に規定する共済金
>
> 　ロ　　　　　　　〜省略〜
>
> 　ハ

（所得税の速算表）

課税される所得金額	税率	控除額
195万円以下	5%	0円
195万円を超え　330万円以下	10%	97,500円
330万円を超え　695万円以下	20%	427,500円
695万円を超え　900万円以下	23%	636,000円
900万円を超え　1,800万円以下	33%	1,536,000円
1,800万円を超え4,000万円以下	40%	2,796,000円
4,000万円超	45%	4,796,000円

❺ 公的年金等の雑所得

　公的年金等の雑所得とは、通常、国民年金・厚生年金や企業年金などの所得をいいますが、小規模企業共済の廃業による共済金の分割受取りをする場合も、公的年金等の雑所得となります。

① 公的年金等の雑所得の計算

　　公的年金等に係る雑所得の金額は、公的年金等の収入金額から公的年金等控除額を控除して計算します。

　　なお、その年中に国民年金など、他の公的年金等を受取ってい

る場合は、すべての公的年金等の収入金額の合計額にて計算をします。

$$\boxed{\begin{array}{c}公的年金等\\収入金額の\\合計額\end{array}} - \boxed{\begin{array}{c}公的年金等\\控除額\end{array}} = \boxed{\begin{array}{c}公的年金等の\\雑所得の金額\end{array}}$$

また、公的年金等以外の雑所得がある場合は、それぞれ別々に計算した所得を最終的に合計します。

$$\boxed{\begin{array}{c}公的年金等\\の雑所得\end{array}} - \boxed{\begin{array}{c}公的年金等\\以外の雑所得\end{array}} = \boxed{雑所得の金額}$$

② **公的年金等控除額**

公的年金等控除額は、年齢が65歳未満、65歳以上の区分及び公的年金等の収入金額の合計額に応じて、一定の割合が定められており、公的年金等の収入金額の合計額にその割合を乗じて計算します。

なお、年齢の判定は、原則として毎年12月31日の現況により判定します。

結果的に、次の算式及び速算表を用いて、公的年金等の雑所得の金額は計算されます。

【算式】

$$\boxed{公的年金等に係る雑所得の金額＝（a）×（b）－（c）}$$

【公的年金等に係る雑所得の速算表：令和元年分まで】

受取人の年齢	(a) 公的年金等の収入金額の合計額	(b) 割合	(c) 控除額
65歳未満	公的年金等の収入金額の合計額が700,000円までの場合は、所得金額は0円となります。		
	700,001円から1,299,999円まで	100%	700,000円
	1,300,000円から4,099,999円まで	75%	375,000円
	4,100,000円から7,699,999円まで	85%	785,000円
	7,700,000円以上	95%	1,555,000円
65歳以上	公的年金等の収入金額の合計額が1,200,000円までの場合は、所得金額は0円となります。		
	1,200,001円から3,299,999円まで	100%	1,200,000円
	3,300,000円から4,099,999円まで	75%	375,000円
	4,100,000円から7,699,999円まで	85%	785,000円
	7,700,000円以上	95%	1,555,000円

【公的年金等に係る雑所得の速算表：令和2年分以降】

公的年金等に係る雑所得以外の所得に係る合計所得金額が1,000万円以下			
受取人の年齢	(a) 公的年金等の収入金額の合計額	(b) 割合	(c) 控除額
65歳未満	公的年金等の収入金額の合計額が600,000円までの場合は所得金額は0円となります。		
	600,001円から1,299,999円まで	100%	600,000円
	1,300,000円から4,099,999円まで	75%	275,000円
	4,100,000円から7,699,999円まで	85%	685,000円
	7,700,000円から9,999,999円まで	95%	1,455,000円
	10,000,000円以上	100%	1,955,000円
65歳以上	公的年金等の収入金額の合計額が1,100,000円までの場合は、所得金額は0円となります。		
	1,100,001円から3,299,999円まで	100%	1,100,000円
	3,300,000円から4,099,999円まで	75%	275,000円
	4,100,000円から7,699,999円まで	85%	685,000円
	7,700,000円から9,999,999円まで	95%	1,455,000円
	10,000,000円以上	100%	1,955,000円

公的年金等に係る雑所得以外の所得に係る合計所得金額が 1,000万円超2,000万円以下			
受取人の 年齢	(a) 公的年金等の収入金額の合計額	(b) 割合	(c) 控除額
65歳未満	公的年金等の収入金額の合計額が500,000円までの場合は所得金額は0円となります。		
65歳未満	500,001円から1,299,999円まで	100%	500,000円
65歳未満	1,300,000円から4,099,999円まで	75%	175,000円
65歳未満	4,100,000円から7,699,999円まで	85%	585,000円
65歳未満	7,700,000円から9,999,999円まで	95%	1,355,000円
65歳未満	10,000,000円以上	100%	1,855,000円
65歳以上	公的年金等の収入金額の合計額が1,000,000円までの場合は、所得金額は0円となります。		
65歳以上	1,000,001円から3,299,999円まで	100%	1,000,000円
65歳以上	3,300,000円から4,099,999円まで	75%	175,000円
65歳以上	4,100,000円から7,699,999円まで	85%	585,000円
65歳以上	7,700,000円から9,999,999円まで	95%	1,355,000円
65歳以上	10,000,000円以上	100%	1,855,000円

公的年金等に係る雑所得以外の所得に係る合計所得金額が2,000万円超			
受取人の 年齢	(a) 公的年金等の収入金額の合計額	(b) 割合	(c) 控除額
65歳未満	公的年金等の収入金額の合計額が400,000円までの場合は所得金額は0円となります。		
65歳未満	400,001円から1,299,999円まで	100%	400,000円
65歳未満	1,300,000円から4,099,999円まで	75%	75,000円
65歳未満	4,100,000円から7,699,999円まで	85%	485,000円
65歳未満	7,700,000円から9,999,999円まで	95%	1,255,000円
65歳未満	10,000,000円以上	100%	1,755,000円
65歳以上	公的年金等の収入金額の合計額が900,000円までの場合は、所得金額は0円となります。		
65歳以上	900,001円から3,299,999円まで	100%	900,000円
65歳以上	3,300,000円から4,099,999円まで	75%	75,000円
65歳以上	4,100,000円から7,699,999円まで	85%	485,000円
65歳以上	7,700,000円から9,999,999円まで	95%	1,255,000円
65歳以上	10,000,000円以上	100%	1,755,000円

第2章

生前の事業承継

⁕ 経営セーフティ共済

先代が経営セーフティ共済に加入している場合は、事業承継により先代の個人事業は廃業となりますが、実質的に後継者へ事業は承継され継続します。

そのため、先代が加入している経営セーフティ共済契約を、一定の要件を満たせば後継者に承継することができます。

❶ 経営セーフティ共済

経営セーフティ共済とは、正式名称は「中小企業倒産防止共済制度」といい、取引先事業者が倒産し、売掛債権等が回収困難となった際に、連鎖倒産や経営難に陥ることを防ぐための共済制度です。

無担保・無保証人で掛金の最高10倍（上限8,000万円）まで借入れをすることができます。

❷ 掛金の取扱い

共済の掛金は、その全額が事業所得の必要経費となります。

必要経費に算入するためには、確定申告書の必要経費算入に関する明細書の添付が必要となります。

なお、明細書の様式は、特に指定はなく任意書式となり、サンプル書式が「独立行政法人 中小企業基盤整備機構」のホームページに公表されています。

参考

（中小企業倒産防止共済掛金の必要経費算入に関する明細書）

中小企業倒産防止共済掛金の必要経費算入に関する明細書

租税特別措置法第28条第1項第2号の規定に基づき、必要経費に算入
する中小企業倒産防止共済契約に係る掛金は次のとおりです。

事 業 者 名

住　　　所

基 金 に 係 る 法 人 名	独立行政法人中小企業基盤整備機構	
基 金 の 名 称	中小企業倒産防止共済事業	
当 年 に 支 出 し た 掛 金 の 額	①	円
同上のうち必要経費に算入した額	②	円

❸ 共済契約の引継ぎ

　後継者へ、経営セーフティ共済契約を引継ぎする場合は、後継者が次の条件を満たすことが必要となります。

　①事業の全部を承継すること

　②中小企業者であること

　③加入条件を満たしていること

　④現契約の共済金返済等の支払義務を引受ること

　⑤引継ぎ事由が生じてから3か月以内に申し出ること

第2章　生前の事業承継

2 個人事業の開業

1 開業の税務

　事業承継において、後継者は、事業承継日の翌日から新たな事業の開業となります。

　開業の場合の所得計算や確定申告、事業用資産の引継ぎなどには、通常とは異なる取扱いもあります。

❶ 開業年の事業所得の計算

　開業年の個人事業の事業所得は、開業日（事業承継日の翌日）からその年12月31日までの総収入金額（売上等）から必要経費を控除して計算します。

❷ 所得税の計算

　開業年の所得税の計算は、開業日が年の中途であっても、暦年（その年１月１日から12月31日）を計算期間として計算します。

　開業年に事業所得以外の所得がある場合は、事業所得とその事業所得以外の所得も含めて、確定申告を行います。

　所得控除額の計算などは、その年12月31日現在の支出額や現況に応じて計算します。

❸ 確定申告

　事業所得の計算は、開業日からその年12月31日までの期間で計算しますが、開業日までに専従者給与等のその他の所得がある場合は、その年のすべての所得を含めて、確定申告をします。確定申告は、その年の翌年2月16日～3月15日の間に行います。

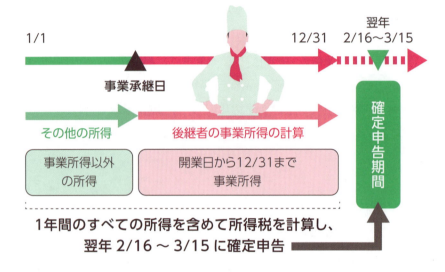

2 棚卸資産の取扱い

　先代の廃業時に所有する棚卸資産を事業承継により引き継ぎます。その引き継いだ棚卸資産の取得価額は、無償又は有償などの引継ぎの方法によって取扱いが異なります。

❶ 売上原価の計算

　開業年の事業所得の計算上、売上原価の計算において、先代より後継者に引き継がれた棚卸資産は、仕入として取り扱います。

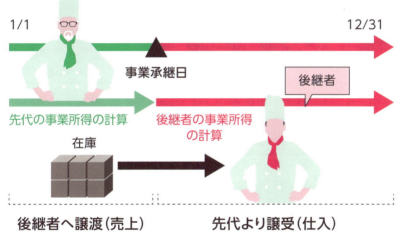

❷ 棚卸資産の引継ぎ

　事業廃止日における棚卸高は、事業承継により、先代より後継者の事業に引き継がれます。

　棚卸資産の引継ぎは、先代から後継者への移転となります。

　『有償（通常価額）による移転』、『有償（低額譲渡）による移転』、『無償による移転』により、仕入高に計上する取扱いが異なります。

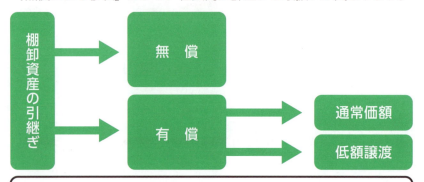

低額譲渡とは、通常の販売価額の 70％未満の価額での譲渡は、『低額譲渡』に該当します。通常の販売価額の 70％以上の価額での譲渡は、通常価額での譲渡の範疇と取扱われます。

❸ 有償（通常価額）による移転

『有償』で、後継者に移転する場合は、先代から後継者への譲渡（販売）となります。

その譲渡（販売）対価が、先代の事業所得の計算上、総収入金額（売上高）に計上されます。

その総収入金額（売上高）に計上した金額で、後継者は仕入れたもの（取得価額）として取り扱います。

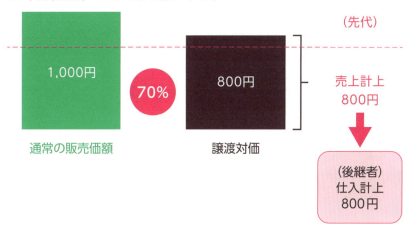

❹ 有償（低額譲渡）による移転

　『低額譲渡』で、後継者に移転する場合は、先代から後継者への有償での譲渡（販売）となりますが、特別な取扱いにより計算されます。
　その譲渡（販売）対価と低額譲渡による「実質的に贈与したと認められる金額」の合計額が、先代の事業所得の計算上、総収入金額（売上高）に計上されます。
　『通常の販売価額×70％』と『譲渡対価』の差額を売上高に追加計上します。
　その総収入金額（売上高）に計上した金額で、後継者は仕入れたもの（取得価額）として取り扱います。

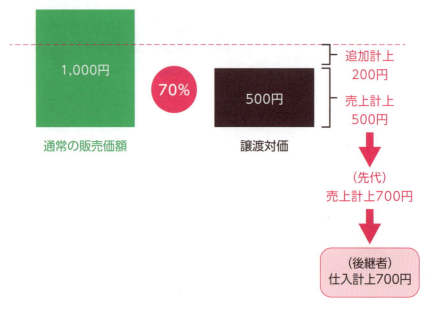

❺ 無償による移転

『無償』で、後継者に移転する場合は、先代から後継者への無償（贈与）になり、特別な取扱いにより計算されます。

無償（贈与）による移転時における棚卸資産の価額（時価）が、先代の事業所得の計算上、総収入金額（売上高）に計上されます。

その総収入金額（売上高）に計上した金額で、後継者は仕入れたもの（取得価額）として取り扱います。

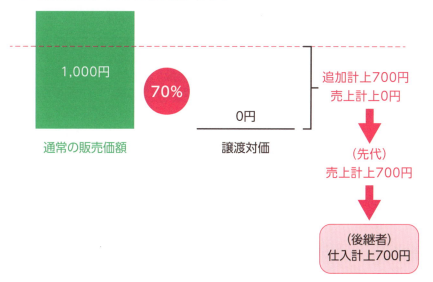

③ 事業用資産の取扱い（譲り受けた場合）

　先代の廃業時に所有する事業用資産を事業承継により引き継ぎます。その引き継いだ事業用資産の取得価額等は、無償又は有償などの引き継ぎの方法によって取扱いが異なります。

❶ 事業用資産を譲り受けた場合

　事業承継に伴い、後継者が事業用資産（店舗、機械、備品、車両など）を譲り受けた場合は、その譲受けの形態により取扱いが異なります。

譲渡形態	先代の取扱い	後継者の取扱い
通常譲渡	通常の譲渡所得の計算	譲渡対価＝取得価額
低額譲渡	特別な取扱い	特別な取扱い
贈与	特別な取扱い	特別な取扱い

❷ 事業用資産の取得価額（通常譲渡）

　事業資産を後継者が、通常の譲渡対価で取得した場合には、その購入対価（譲渡対価）が取得価額となります。

　なお、通常譲渡とは、譲渡時の価額（時価）の2分の1以上の金額で譲渡した場合となります。

❸ 減価償却費の計算

事業用資産を後継者が譲り受けた（取得）場合には、開業日からその年12月31日までの期間の減価償却費を月数按分により計算し、後継者の事業所得の計算上、必要経費に計上します。

なお、後述の「低額譲渡した場合」、「贈与した場合」も同様の取扱いとなります。

❹ 中古資産の減価償却

事業承継により譲り受けた事業用資産は、先代が事業の用に供していたものであるため、中古資産の取得になります。

減価償却費については、中古資産の見積耐用年数により計算します。

減価償却の償却方法は、後継者が選定した償却方法となりますので、償却方法の選定の届出をしない場合は、法定償却方法を「定額法」により、減価償却の計算を行います。

なお、先代の償却方法を引き継ぐ必要はなく、先代と異なる償却方法となった場合でも、「償却方法の変更」には該当しません。

❺ 中古資産の見積耐用年数

中古資産を取得して事業の用に供した場合には、その資産の耐用年数は、法定耐用年数ではなく、その事業の用に供した時以後の使用可能期間として見積もられる年数によることができます。

> 原則として、使用可能期間を見積耐用年数とする

使用可能期間の見積りが困難であるときは、次の簡便法により算定した年数によることができます。

① 法定耐用年数の全部を経過した資産

> その法定耐用年数の20％に相当する年数

② 法定耐用年数の一部を経過した資産

> その法定耐用年数から経過した年数を差し引いた年数に
> 経過年数の20％に相当する年数を加えた年数

※上記①・②の計算により算出した年数に1年未満の端数があるときは、その端数を切り捨て、その年数が2年に満たない場合には2年とします。

❻ 固定資産税の取扱い

　事業用資産に係る固定資産税は、その事業所得の計算上、必要経費に計上できます。

　固定資産税などの賦課課税される租税の必要経費算入時期は、課税決定がなされ債務確定したものとなります。

　固定資産税は、通常、4月に賦課決定通知が送達されますので、事業承継後に賦課決定された場合は、その全額（1年分）を、後継者の事業所得の必要経費計上することができます。

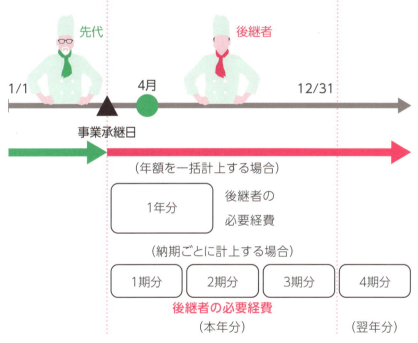

　また、各納期に必要経費に計上することできるため、事業承継後に納期が到来したものを後継者の事業所得の必要経費に計上することもできます。

　なお、後述の「低額譲渡した場合」、「贈与した場合」も同様の取扱いとなります。

4 事業用資産の取扱い（低額譲渡により取得した場合）

事業承継に伴い、後継者が事業用資産を低額譲渡により取得した場合は、特別な取扱い（みなし譲渡の規定）により計算されます。

❶ 低額譲渡により譲渡損（赤字）が生じる場合

低額譲渡に該当する譲渡対価により譲渡所得の計算し、譲渡損が生じた場合には、

$$時価の\frac{1}{2}未満の譲渡対価−（取得費＋譲渡経費）＝譲渡損$$

後継者が取得した事業資産の取得価額は、後継者が引き続きその事業用資産の所有していたものとみなして計算します。

先代の取得時期、取得価額、帳簿価額（減価償却累計額）を後継者が引き継ぐ

1/1　　　　　　　　　　　　　　　　　　　　12/31

低額譲渡（譲渡損）

先代の事業用資産

○取得時期
○取得価額
○帳簿価額
○減価償却累計額

引き継ぐ　　後継者

❷ 低額譲渡により譲渡益（黒字）が生じる場合

　低額譲渡に該当する譲渡対価により譲渡所得の計算し、譲渡益が生じた場合には、

$$時価の\frac{1}{2}未満の譲渡対価 − (取得費 + 譲渡経費) = 譲渡益$$

　後継者が取得した事業資産の取得価額は、その購入対価（譲渡対価）が取得価額となります。

⬇

　　　　　　　　　特別な取扱いなし

❸ 低額譲渡の場合の取得価額等のまとめ

低額譲渡による損益	取得価額等
赤字の場合	○先代の取得時期、取得価額、帳簿価額（減価償却累計額）を引き継ぐ ○中古資産の見積耐用年数の適用なし ○償却方法は、後継者が選定した償却方法とする
黒字の場合	○譲渡対価をもって取得価額とする ○中古資産の見積耐用年数を適用する ○償却方法は、後継者が選定した償却方法とする

5 事業用資産の取扱い（贈与した場合）

　事業承継に伴い、後継者が事業用資産を贈与により取得した場合は、後継者が取得した事業資産の取得価額は、後継者が引き続きその事業用資産の所有していたものとみなして計算します。

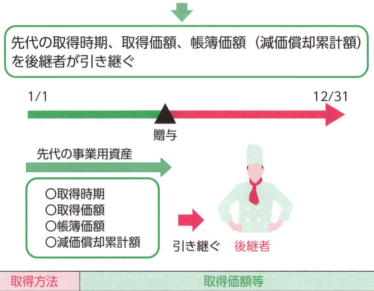

取得方法	取得価額等
贈与により取得	○先代の取得時期、取得価額、帳簿価額（減価償却累計額）を引き継ぐ ○中古資産の見積耐用年数の適用なし ○償却方法は、後継者が選定した償却方法とする

【計算例】

令和元年6月末をもって事業承継に伴い、下記の店舗を先代より後継者に引継ぎをした。

　①先代の取得年月：平成8年1月

　②先代の取得価額：15,000,000円

　③法定耐用年数：22年（旧定額法及び定額法の償却率0.046）

　④平成31年1月1日の未償却残額：750,000円

　　（取得価額の5％相当額）

① 先代の減価償却費の計算

$$(750,000円 - 1円) \div 5年 \times \frac{6}{12} = 74,999円$$

　平成19年3月31日以前に取得した減価償却資産であるため、償却可能限度額（取得価額の95％相当額）に達している場合には、未償却残額をその達した年分の翌年分以後の5年間で、1円まで均等償却とする。なお、1円までの5年均等償却は、平成20年分以後の所得税について適用されます。

② 後継者の減価償却費の計算

$$15,000,000円 \times 0.046 \times \frac{6}{12} = 345,000円$$

　平成19年4月1日以後に取得をされた減価償却資産については、償却可能限度額及び残存価額が廃止され、耐用年数経過時に残存簿価1円まで償却できるようになりました。

　なお、旧定額法や定額法の適用などの減価償却の方法の改正は、その取得の時期により線引きされます。ここでいう「取得」の定義には、購入や自己の建設によるもののほか、相続、遺贈又は贈与によるものも含まれます。

6 事業用資産の取扱い（賃借した場合）

　事業用資産を後継者へ賃借した場合の取扱いは、先代と後継者との関係が、生計を一に親族に該当するか否かにより取扱いが大きく異なります。生計を一にする親族間の場合は、特別な取扱いとなります。
　まずは、生計を一にしない関係（生計を別にする）を前提に説明します。

❶ 事業用資産を賃借した場合（生計別の場合）

　事業承継後、後継者が事業用資産を賃借した場合は、その支払った賃料は、後継者の事業所得の必要経費となります。

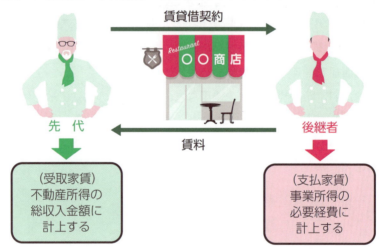

❷ 生計を一にする親族間の賃借

　事業用資産を先代より賃借した場合の取扱いは、先代と後継者との関係が、生計を一にする親族である場合は、特別な取扱いとなります。

①　賃料の取扱い

　生計を一にする先代へ支払った賃料は、後継者の各種所得の計算上ないものとみなされ、所得計算上の必要に計上しません。

②　減価償却費などの取扱い

　生計を一にする先代より賃借した事業用資産に係る必要経費（減価償却費や固定資産税など）は、先代の所得計算上の必要経費に計上せず、後継者の所得計算上に計上します。

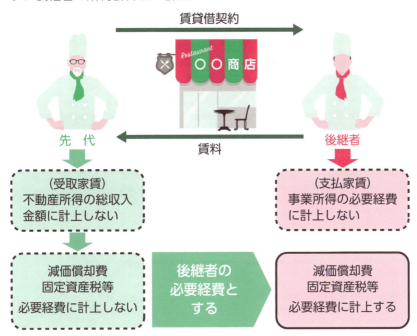

7 債権債務の取扱い

先代の廃業時に有している債権債務は、後継者が必ず引き継ぐとは限りません。

❶ 債権債務の取扱い

事業承継時に存在する売掛金、買掛金、借入金などの債権債務の事業承継における取扱いは、次の2つがあります。

債権債務	先代	後継者
後継者へ引継ぎあり	後継者へ債権債務を譲渡	（承継後） 債権の回収 債務の支払
後継者へ引継ぎなし	（事業廃止後） 債権の回収 債務の支払	取扱いなし

❷ 債権債務の引継ぎをする場合

事業承継時に存在する債権債務を、後継者に引き継ぎ、その後、後継者がその債権の回収、債務の支払いを行います。

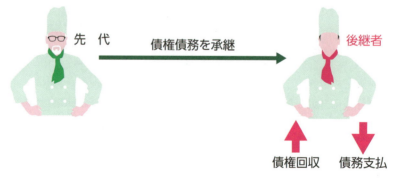

なお、事業承継後、引き継いだ債権が回収不能となった場合は、後継者の所得の計算上、貸倒損失として必要経費となります。

❸ 債権債務の引継ぎをしない場合

　後継者が債権債務の引継ぎをしない場合は、先代が事業廃止後、債権の回収及び債務の支払いをするため、後継者においては、何ら取扱いは生じません。

　しかし、誤って先代の債権を回収したり、債務の支払いをした場合は、それぞれ先代と後継者の間で贈与など関係が生じますので注意しましょう。

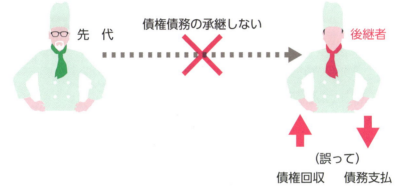

後継者	取扱い
誤って債権の回収	先代からの回収額相当額の贈与を受けたことになります。（後継者に贈与税課税）
誤って債務の支払い	先代へ支払額相当額の贈与をしたことになります。（先代に贈与税課税）

　なお、債権債務の回収・支払いが、一時的なものであり、その後、先代との間で精算されるようなものは、単なる仮受け・立替えの範疇であるため贈与税課税は生じません。

8 所得税の開業時の手続

個人事業を開業した場合は、所得税について次の手続が必要です。

（所得税）個人事業の開業・廃業等届出書
（所得税）所得税の青色申告承認申請書
（所得税）青色事業専従者給与に関する届出書
（所得税）給与支払事務所等の開設・移転・廃止届出書
（所得税）源泉所得税納期の特例の承認に関する申請書

❶ 個人事業の開業届

個人事業を開業する場合は、税務署に「個人事業の開業・廃業等届出書」の提出が必要です。

① 提出期限

その開業の日から1か月以内となります。

② 記載内容

イ　事業承継による開業の場合は、事業を承継しますので、届出の区分（開業）に、先代の住所・氏名を記入します。

ロ　納税地は、原則として住所地となりますが、店舗・工場などの事業所等の所在地を選択（納税地の特例）することも可能です。

　納税地の特例を受けようとする人は、本来の納税地（住所地）を所轄する税務署長に、納税地の特例を受けたい旨の届出書の提出が必要です。この届出書の提出があった日以後に納税地が変更されます。

③ 留意点

開業に伴い、店舗などの賃貸の契約者変更や金融機関などの手続きに伴い、「個人事業の開業・廃業等届出書」の控え（税務署受付済み）の提出を求められことがあります。

（個人事業の開業・廃業等届出書）

第2章　生前の事業承継

税務署受付印　　　　　　　　　　　　　　　　　　　　　　　　　　　　１０４０

個人事業の開業・廃業等届出書

＿＿＿＿＿＿＿＿ 税務署長

＿＿年＿＿月＿＿日提出

納　税　地	○住所地・○居所地・○事業所等（該当するものを選択してください。） （〒　　－　　　） 　　　　　　　　　　　　　　　　　　　（TEL　　－　　－　　　）
上記以外の 住所地・ 事業所等	納税地以外に住所地・事業所等がある場合は記載します。 （〒　　－　　　） 　　　　　　　　　　　　　　　　　　　（TEL　　－　　－　　　）

フリガナ		生年月日	○大正 ○昭和 ○平成 ○令和　　年　月　日生
氏　　名	㊞		

個人番号	： ： ： ： ： ： ： ： ： ： ：

職　　業		フリガナ	
		屋　号	

個人事業の開廃業等について次のとおり届けます。

届出の区分	○開業（事業の引継ぎを受けた場合は、受けた先の住所・氏名を記載します。） 　　住所＿＿＿＿＿＿＿＿＿＿＿＿＿＿＿＿＿　氏名＿＿＿＿＿＿＿＿ 　　事務所・事業所の（○新設・○増設・○移転・○廃止） ○廃業（事由） 　　（事業の引継ぎ（譲渡）による場合は、引き継いだ（譲渡した）先の住所・氏名を記載します。） 　　住所＿＿＿＿＿＿＿＿＿＿＿＿＿＿＿＿＿　氏名＿＿＿＿＿＿＿＿
所得の種類	○不動産所得・○山林所得・○事業（農業）所得〔廃業の場合……○全部・○一部（　　　　　　）〕
開業・廃業等日	開業や廃業、事務所・事業所の新増設等のあった日　　　　　　年　　　月　　　日
事業所等を 新増設、移転、 廃止した場合	新増設、移転後の所在地　　　　　　　　　　（電話） 移転・廃止前の所在地
廃業の事由が法 人の設立に伴う ものである場合	設立法人名　　　　　　　　　　代表者名 法人納税地　　　　　　　　　　　　　　　設立登記　　　　年　　月　　日
開業・廃業に伴 う届出書の提出 の有無	「青色申告承認申請書」又は「青色申告の取りやめ届出書」　　　　○有・○無 消費税に関する「課税事業者選択届出書」又は「事業廃止届出書」　○有・○無
事業の概要 できるだけ具体 的に記載します。	

給与等の支払の状況	区　分	従事員数	給与の定め方	税額の有無	その他参考事項
	専従者	人		○有・○無	
	使用人	人		○有・○無	
	計			○有・○無	

源泉所得税の納期の特例の承認に関する申請書の 提出の有無	○有・○無	給与支払を開始する年月日	年　　月　　日

関与税理士 （TEL　　－　　－　　　）		

税務署整理欄	整理番号		関係部門連絡	A	B	C	番号確認	身元確認
	０							□ 済 □ 未済
	源泉用紙交付	通信日付印の年月日	確認印	確認書類 個人番号カード／通知カード・運転免許証 その他（　　　　　　　　）				
		年　　月　　日						

101

参考

（所得税・消費税の納税地の変更に関する届出書）

	1 0 5 0

税務署受付印

所得税・消費税の納税地の変更に関する届出書

【納税地を住所地から事業所等の所在地（又は事業所等の所在地から住所地）に変更する場合等】

＿＿＿＿＿＿＿＿ 税務署長

＿＿年＿＿月＿＿日提出

納 税 地	○住所地・○居所地・○事業所等（該当するものを選択してください。） （〒　－　　） （TEL　　－　　－　　）
上記以外の 住 所 地 ・ 事 業 所 等	納税地以外に住所地・事業所等がある場合は記載します。 （〒　－　　） （TEL　　－　　－　　）
フ リ ガ ナ 氏　　名　　㊞	｜ 生年月日 ○大正 ○昭和 ○平成 ○令和　年　月　日生
個 人 番 号	｜｜｜｜｜｜｜｜｜｜｜｜
職　　業	フリガナ 屋　号

納税地を次のとおり変更したので届けます。

1　納税地

(1)　変更前の納税地＿＿＿＿＿＿＿＿＿＿＿＿　住所・居所
事業所等の
区　　分＿＿＿＿＿＿＿＿

(2)　変更後の納税地＿＿＿＿＿＿＿＿＿＿＿＿　住所・居所
事業所等の
区　　分＿＿＿＿＿＿＿＿

2　居所又は事業所等の所在地を納税地とする ○ことを便宜とする
○必要がなくなった 事情

3　事業所等の所在地及び事業内容

屋号等＿＿＿＿＿＿＿＿＿＿　所在地＿＿＿＿＿＿＿＿＿＿＿＿　事業内容＿＿＿＿＿＿＿＿

屋号等＿＿＿＿＿＿＿＿＿＿　所在地＿＿＿＿＿＿＿＿＿＿＿＿　事業内容＿＿＿＿＿＿＿＿

4　その他参考事項

※　振替納税をご利用の方は、裏面の留意事項をお読みください。

関与税理士 （TEL　　－　　－　　）

税務署整理欄	整 理 番 号	関係部門連絡	A	B	C	番号確認	身元確認
	0｜						□ 済 □ 未済
	通 信 日 付 印 の 年 月 日	確認印	確認書類 個人番号カード／通知カード・運転免許証 その他（　　　　　　　　）				
	年　　月　　日						

❷ 青色申告の承認申請

　後継者が、新たに青色申告の承認を受けようとする場合は、提出期限までに「青色申告の承認申請書」を提出しなければなりません。

① 提出期限

　新規開業した場合は、開業日から2か月以内となります。

　開業日が1月15日以前の場合には、その年の3月15日が提出期限となります。

（6月1日開業の場合）

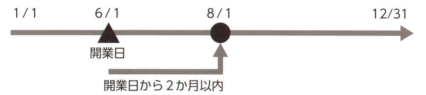

（7月16日開業の場合）

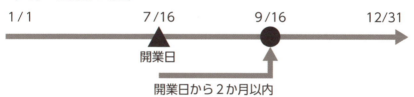

（1月10日開業の場合）

② 青色申告の効力

　先代が青色申告者であっても、青色申告の効力は一個人に帰属するため、後継者には承継されないため、後継者は自ら青色申告の承認申請の手続をする必要があります。

③　青色申告のための記帳

　青色申告を行うためには、複式簿記や簡易簿記などにより記帳を行い、その記帳に基づいて正しい所得計算を行う必要があります。青色申告の承認申請書を提出するだけでは、正しい青色申告を行うことはできません。

　なお、青色申告をすることができる人は、不動産所得、事業所得、山林所得のある人に限られます。

④　青色申告の特典

　青色申告を行う人は、所得金額の計算などについて有利な取扱い（特典）が受けられます。青色申告の特典のうち主なもの次のとおりです。

青色申告特別控除
青色事業専従者給与
貸倒引当金
純損失の繰越控除・繰戻し還付

（所得税の青色申告承認申請書）

青色申告の承認申請書

税務署受付印

※整理番号

	納　税　地	〒 電話（　　　）　　－
令和　　年　　月　　日	（フリガナ） 法　人　名　等	
	法　人　番　号	｜　｜　｜　｜　｜　｜　｜　｜　｜　｜　｜　｜　｜
	（フリガナ） 代　表　者　氏　名	㊞
	代　表　者　住　所	〒
税　務　署　長　殿	事　業　種　目	業
	資　本　金　又　は 出　資　金　額	円

自平成・令和　　年　　月　　日
至平成・令和　　年　　月　　日　　　事業年度から法人税の申告書を青色申告によって提出したいので申請します。

記

1　次に該当するときには、それぞれ□にレ印を付すとともに該当の年月日等を記載してください。
　　□　青色申告書の提出の承認を取り消され、又は青色申告書による申告書の提出をやめる旨の届出書を提出した後に
　　　再び青色申告書の提出の承認を申請する場合には、その取消しの通知を受けた日又は取りやめの届出書を提出した
　　　日　　　　　　　　　　　　　　　　　　　　　　　　　　　　　　　　　　　　平成・令和　　年　　月　　日

　　□　この申請後、青色申告書を最初に提出しようとする事業年度が設立第一期等に該当する場合には、内国法人であ
　　　る普通法人若しくは協同組合等にあってはその設立の日、内国法人である公益法人等若しくは人格のない社団等に
　　　あっては新たに収益事業を開始した日又は公益法人等（収益事業を行っていないものに限ります。）に該当してい
　　　た普通法人若しくは協同組合等にあっては当該普通法人若しくは協同組合等に該当することとなった日
　　平成・令和　　年　　月　　日

　　□　法人税法第4条の5第1項（連結納税の承認の取消し）の規定により連結納税の承認を取り消された後に青色申
　　　告書の提出の承認を申請する場合には、その取り消された日　　　　　　　　　平成・令和　　年　　月　　日

　　□　法人税法第4条の5第2項各号の規定により連結納税の承認を取り消された場合には、第4条の5第2項各号の
　　　うち、取消しの起因となった事実に該当する号及びその事実が生じた日　　　　第4条の5第2項　　　号
　　平成・令和　　年　　月　　日

　　□　連結納税の取りやめの承認を受けた日を含む連結親法人事業年度の翌事業年度に青色申告書の提出をしようとす
　　　る場合には、その承認を受けた日　　　　　　　　　　　　　　　　　　　　　平成・令和　　年　　月　　日

2　参考事項
（1）　帳簿組織の状況

伝　票　又　は　帳　簿　名	左の帳簿 の　形　態	記帳の 時　期	伝　票　又　は　帳　簿　名	左の帳簿 の　形　態	記帳の 時　期

（2）　特別な記帳方法の採用の有無
　　イ　伝票会計採用
　　ロ　電子計算機利用

（3）　税理士が関与している場合におけるその関与度合

税　理　士　署　名　押　印						㊞

※税務署 処理欄	部 門	決算 期	業種 番号	番 号	入 力	備 考	通信 日付印	年　月　日	確認 印

（規格A4）

01.06 改正

❸ 青色事業専従者給与に関する届出書

　生計を一にしている配偶者その他の親族が、事業専従者に該当し、『青色事業専従者給与に関する届出書』を提出した場合は、これら親族への給料を必要経費に計上することができます。

① 提出期限

　新規開業した場合は、開業日から２か月以内となります。

　開業日が１月15日以前の場合には、その年の３月15日が提出期限となります。

② 青色事業専従者

　先代の事業の青色事業専従者となっていた親族についても、後継者の事業の青色事業専従者とする場合には、新たに届出書の提出が必要です。また、事業承継に伴い、先代を後継者の青色事業専従者とする場合も、他の親族と同様に届出書の提出が必要です。

③ 青色事業専従者の判定

　青色申告者の営む事業に専ら従事しているかの判定は、原則として、その年を通じて６か月を超える期間、事業に従事していれば足りるものとします。

　なお、その事業が年の中途における開業、廃業などの理由により、その年中を通じて営まれなかった場合は、その従事可能期間の２分の１に相当する期間をこえる期間、その事業に専ら従事すれば足りるものとします。

（5月1日開業の場合）

5月1日開業と同時に、その事業に従事を開始した場合は、従事期間が8か月とり、6か月を超えるため青色事業専従者の要件を満たします。

（8月1日開業の場合）

8月1日開業と同時に、その事業に従事を開始した場合は、従事期間が5か月とり、6か月超の基準を満たしませんが、年の中途での開業のため従事可能期間5か月の$\frac{1}{2}$を超える期間の従事しており、青色事業専従者の要件を満たします。

（青色事業専従者給与に関する届出書）

税務署受付印

青色事業専従者給与に関する ○届　　出　書
　　　　　　　　　　　　　　　　　　　○変更届出

| | 1 | 1 | 2 | 0 |

_____ 税務署長

____年____月____日提出

納　税　地	○住所地・○居所地・○事業所等（該当するものを選択してください。） （〒　　－　　） （TEL　　－　　－　　）
上記以外の 住所地・ 事業所等	納税地以外に住所地・事業所等がある場合は記載します。 （〒　　－　　） （TEL　　－　　－　　）
フリガナ 氏　　名　　㊞		生年月日 ○大正 ○昭和 ○平成 ○令和　年　月　日生
職　　業	フリガナ 屋　号

____年____月以後の青色事業専従者給与の支給に関しては次のとおり ○定　め　た
○変更することとした
ので届けます。

1 青色事業専従者給与（裏面の書き方をお読みください。）

	専従者の氏名	続柄	年齢 経験 年数	仕事の内容・ 従事の程度	資格等	給　料		賞　与		昇給の基準
			歳 年			支給期	金額（月額） 円	支給期	支給の基準（金額）	
1										
2										
3										

2 その他参考事項（他の職業の併有等）　　3 変更理由（変更届出書を提出する場合、その理由を具体的に記載します。）

4 使用人の給与（この欄は、この届出（変更）書の提出日の現況で記載します。）

	使用人の氏名	性別	年齢 経験 年数	仕事の内容・ 従事の程度	資格等	給　料		賞　与		昇給の基準
			歳 年			支給期	金額（月額） 円	支給期	支給の基準（金額）	
1										
2										
3										
4										

※ 別に給与規程を定めているときは、その写しを添付してください。

関与税理士 （TEL　　－　　－　　）	税務署整理欄	整理番号		関係部門 連絡	A	B	C
		0					
		通信日付印の年月日 　　年　月　日		確認印			

❹ 給与支払事務所等の開設・移転・廃止届出書

　源泉所得税の管理のために、給与等の支払事務を行う事務所等を開設や廃止した場合に、この届出書の提出が必要となります。

　給与等の支払いがない場合は、この届出書の提出は必要ありません。

① 提出期限

　その開業（開設）の日から１か月以内となります。

② 留意点

　開業した場合には、「個人事業の開業・廃業等届出書」を提出することになっていますので、この「給与支払事務所等の開設・移転・廃止届出書」を、本来は提出する必要はありませんが、実務上、この届出書の提出をしていることがあります。

❺ 源泉所得税の納期の特例の承認に関する申請書

　源泉所得税は、原則として徴収した日の翌月10日が納期限となっています。

　給与の支給人員が常時10人未満である場合は、その納期限の特例があります。

① 納期限の特例

　給与の支給人員が常時10人未満である源泉徴収義務者が、給与や退職手当、税理士等の報酬・料金について源泉徴収をした所得税及び復興特別所得税について、年2回にまとめて納付できるという特例制度です。この特例を受けるために申請書の提出が必要となります。

② 納期限

〇1月から6月までに支払った所得から源泉徴収をした所得税及び復興特別所得税

　…7月10日

〇7月から12月までに支払った所得から源泉徴収をした所得税及び復興特別所得税

　…翌年1月20日

③ 申請書の提出期限

　提出期限は、特に定められていません。

　原則として、提出した日の翌月に支払う給与等から適用されます。

（源泉所得税の納期の特例の承認に関する申請書）

源泉所得税の納期の特例の承認に関する申請書

	※整理番号	

税務署受付印

令和　　年　　月　　日

税務署長殿

住 所 又 は 本 店 の 所 在 地	〒　　　　　　電話　　　－　　　－
（フリガナ）	
氏 名 又 は 名 称	
法 人 番 号	※個人の方は個人番号の記載は不要です。
（フリガナ）	
代 表 者 氏 名	㊞

　次の給与支払事務所等につき、所得税法第 216 条の規定による源泉所得税の納期の特例についての承認を申請します。

給与支払事務所等に関する事項	給与支払事務所等の所在地　※　申請者の住所（居所）又は本店（主たる事務所）の所在地と給与支払事務所等の所在地とが異なる場合に記載してください。	〒 電話　　　－　　　－		
	申請の日前 6 か月間の各月末の給与の支払を受ける者の人員及び各月の支給金額〔外書は、臨時雇用者に係るもの〕	月 区 分	支 給 人 員	支 給 額
		年　　月	外　　　　　人	外　　　　　円
		年　　月	外　　　　　人	外　　　　　円
		年　　月	外　　　　　人	外　　　　　円
		年　　月	外　　　　　人	外　　　　　円
		年　　月	外　　　　　人	外　　　　　円
		年　　月	外　　　　　人	外　　　　　円
	1　現に国税の滞納があり又は最近において著しい納付遅延の事実がある場合で、それがやむを得ない理由によるものであるときは、その理由の詳細 2　申請の日前 1 年以内に納期の特例の承認を取り消されたことがある場合には、その年月日			

税 理 士 署 名 押 印	㊞

※税務署処理欄	部門	決算期	業種番号	番号	入力	名簿	通信日付印	年月日	確認印

01. 06 改正

9 純損失の取扱い

　事業承継後に、後継者の事業において純損失が生じた場合は、その純損失が生じた年の翌年以後3年間の繰越控除ができます。

❶ 後継者の純損失

　後継者（青色申告者）の事業所得に損失（赤字）の金額がある場合で、損益通算の規定により当年分の一定の所得金額と通算しても、なお控除しきれない部分の金額（純損失の金額）が生じたときには、その損失額を翌年以後3年間にわたって繰り越して、各年分の所得金額から控除します。

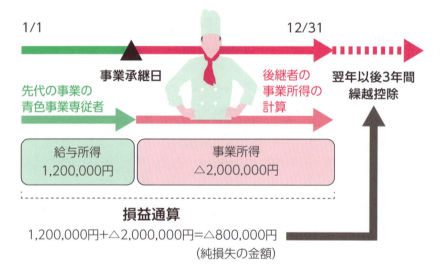

❷ 先代の純損失

　先代の事業所得で生じた純損失は、後継者に事業を承継したとしても、その純損失は引継ぎはできません。

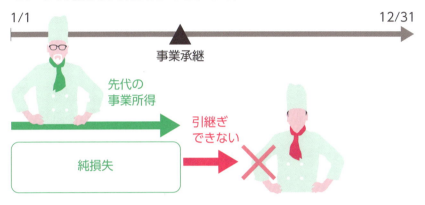

　なお、事業承継後、先代が後継者の事業の青色事業専従者に該当し、給与所得が生じた場合は、先代の所得税の計算上、控除することは可能となります。

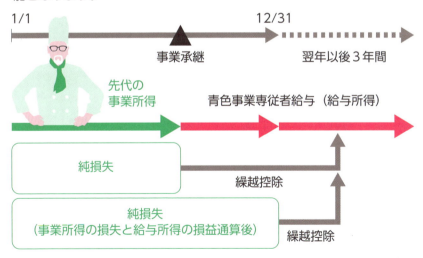

3 相続時精算課税制度の活用

　事業承継に伴い、事業用資産などを後継者に贈与により引き継いだ場合、後継者に多大な贈与税の負担が生じることが考えられます。

　事業承継に限らず、親から子へ、祖父母から孫へ、資産を贈与した場合、その贈与に係る贈与税が、資産承継の障壁になっていることを鑑み、贈与税の特例として「相続時精算課税制度」が設けられています。

❶ 相続時精算課税制度（贈与時）

　60歳以上の父母または祖父母から20歳以上の子・孫への生前贈与について、子・孫の選択により、通常の贈与税の基礎控除（110万円）代えて、2,500万円の特別控除を利用できる制度です。

　贈与時には、2,500万円の特別控除を適用した軽減された贈与税を支払い、その後、相続時にその贈与財産とその他の相続財産を合計した価額を基に計算した相続税額から、既に支払った贈与税額を精算します。

　相続時精算課税の適用より、通常の贈与税の計算による贈与税負担に比較して、大幅な税負担の軽減ができます。

贈与税の暦年課税（特例贈与財産用の特例税率を適用）

$$(30,000,000 - 1,100,000) \times 45\% - 2,650,000 = 10,355,000$$

相続時精算課税の適用

$$(30,000,000 - 25,000,000) \times 20\% = 1,000,000$$

　贈与財産の価額の合計額から、2,500万円の特別控除額を控除した後の金額に、一律20％の税率を乗じて算出します。

贈与税の負担は9,355,000円軽減

参考

（特例贈与財産用の特例税率）

直系尊属（祖父母や父母など）から、その年の1月1日において20歳以上の者（子・孫など）への贈与税の計算に使用します。

基礎控除後の課税価格	税率	控除額
200万円以下	10%	-
400万円以下	15%	10万円
600万円以下	20%	30万円
1000万円以下	30%	90万円
1500万円以下	40%	190万円
3000万円以下	45%	265万円
4500万円以下	50%	415万円
4500万円超	55%	640万円

（一般贈与財産用一般税率）

「特例贈与財産用」に該当しない場合の贈与税の計算に使用します。

基礎控除後の課税価格	税率	控除額
200万円以下	10%	-
300万円以下	15%	10万円
400万円以下	20%	25万円
600万円以下	30%	65万円
1000万円以下	40%	125万円
1500万円以下	45%	175万円
3000万円以下	50%	250万円
3000万円超	55%	400万円

❷ 相続時精算課税制度（相続時）

　その後、父の相続時にその贈与財産とその他の相続財産を合計した価額を基に計算した相続税額から、既に支払った贈与税額を精算します。

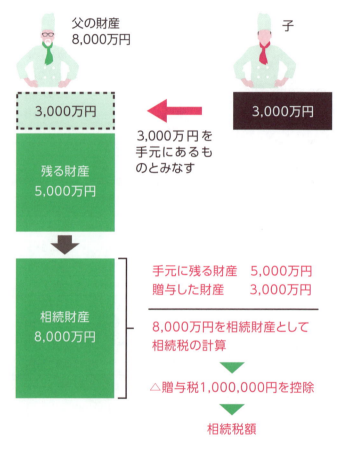

❸ 事業承継での活用

　生前の事業承継において、店舗などを後継者に承継する場合に、相続時精算課税制度を活用することにより、一定の要件を満たせば2,500万円の特別控除までは、贈与税の負担なく、後継者に移転することができます。

【適用要件】

60歳以上の父母・祖父母から20歳以上の子・孫への贈与であること。
年齢は贈与の年の１月１日現在の満年齢で判定します。

相続時精算課税を適用しようとする受贈者（子又は孫）は、その適用に係る贈与を受けた年の翌年２月１日から３月15日までの間（贈与税の申告書の提出期間）に「相続時精算課税選択届出書」を受贈者の戸籍の謄本などの一定の書類とともに贈与税の申告書に添付して提出することとされています。

【必要書類】

①次の情報が分かる受贈者（贈与を受けた人）の戸籍謄本又は戸籍抄本
・受贈者の氏名、生年月日
・受贈者が贈与者の推定相続人である子又は孫であること
②受贈者の戸籍の附票（受贈者が20歳に達した時以後の住所が分かるもの）
③贈与者の住民票又は贈与者の戸籍の附票で、次の内容が分かる書類
・贈与者の氏名、生年月日
・贈与者が60歳に達した時以後の住所

第2章

生前の事業承継

（相続精算課税選択届出書）

相続時精算課税選択届出書（様式）

相 続 時 精 算 課 税 選 択 届 出 書

（平成28年分以降用）

税務署受付印

平成＿＿＿年＿＿＿月＿＿＿日

＿＿＿＿＿＿税務署長

受贈者	住所又は居所	〒　　　　　　電話（　　－　　－　　）
	フリガナ	
	氏　名（生年月日）	（大・昭・平　　　年　　　月　　　日）　㊞
	特定贈与者との続柄	

○「相続時精算課税選択届出書」は、必要な添付書類とともに申告書第一表及び第二表と一緒に提出してください。

私は、下記の特定贈与者から平成＿＿＿年中に贈与を受けた財産については、相続税法第21条の9第1項の規定の適用を受けることとしましたので、下記の書類を添えて届け出ます。

記

1　特定贈与者に関する事項

住　所又は居所	
フリガナ	
氏　名	
生年月日	明・大・昭・平　　　年　　　月　　　日

2　年の途中で特定贈与者の推定相続人又は孫となった場合

推定相続人又は孫となった理由	
推定相続人又は孫となった年月日	平成　　　年　　　月　　　日

（注）孫が年の途中で特定贈与者の推定相続人となった場合で、推定相続人となった時前の特定贈与者からの贈与について相続時精算課税の適用を受けるときには、記入は要しません。

3　添付書類

次の（1）～（4）の全ての書類が必要となります。

なお、いずれの添付書類も、贈与を受けた日以後に作成されたものを提出してください。

（書類の添付がなされているか確認の上、□に✓印を記入してください。）

（1）□　**受贈者や特定贈与者の戸籍の謄本又は抄本**その他の書類で、次の内容を証する書類
①　受贈者の氏名、生年月日
②　受贈者が特定贈与者の推定相続人又は孫であること

（2）□　**受贈者の戸籍の附票の写し**その他の書類で、受贈者が20歳に達した時以後の住所又は居所を証する書類（受贈者の平成15年1月1日以後の住所又は居所を証する書類でも差し支えありません。）
（注）　受贈者が平成7年1月3日以後に生まれた人である場合には、（2）の書類の添付を要しません。

（3）□　**特定贈与者の住民票の写し**その他の書類で、特定贈与者の氏名、生年月日を証する書類
（注）1　添付書類として特定贈与者の住民票の写しを添付する場合には、マイナンバー（個人番号）が記載されていないものを添付してください。
　　　2　（1）の書類として特定贈与者の戸籍の謄本又は抄本を添付するときは、（3）の書類の添付を要しません。

（4）□　**特定贈与者の戸籍の附票の写し**その他の書類で、特定贈与者が60歳に達した時以後の住所又は居所を証する書類（特定贈与者の平成15年1月1日以後の住所又は居所を証する書類でも差し支えありません。）
（注）1　租税特別措置法第70条の3（特定の贈与者から住宅取得等資金の贈与を受けた場合の相続時精算課税の特例）の適用を受ける場合には、「平成15年1月1日以後の住所又は居所を証する書類」となります。
　　　2　（3）の書類として特定贈与者の住民票の写しを添付する場合で、特定贈与者が60歳に達した時以後（租税特別措置法第70条の3の適用を受ける場合を除きます。）又は平成15年1月1日以後、特定贈与者の住所に変更がないときは、（4）の書類の添付を要しません。

（注）この届出書の提出により、特定贈与者からの贈与については、特定贈与者に相続が開始するまで相続時精算課税の適用が継続されるとともに、その贈与を受ける財産の価額は、相続税の課税価格に加算されます（**この届出書による相続時精算課税の選択は撤回することができません。**）。

作成税理士		㊞	電話番号	

※　税務署整理欄	届出番号	－	名簿	■	確認	

※欄には記入しないでください。

（資5－42－A4統一）

第3章

相続の伴う事業承継

先代の相続に伴う事業承継の課税関係は、先代の個人事業の廃業、後継者の個人事業の開業、事業用資産の引継ぎの取扱いの理解が必要です。

〇先代の相続に伴う個人事業の廃業

個人の税務は、原則として暦年（1月1日～12月31日）をもって計算しますが、相続に伴う場合は、その年1月1日から相続日となります。

相続に伴う事業承継の場合は、年の中途において廃業となると想定されますので、その場合の所得計算や準確定申告などの方法を理解する必要があります。

また、事業承継による廃業に伴い、商品、店舗、営業用車両などの事業用資産を後継者に引き継ぐ必要があり、その引継ぎは、相続による引継ぎとなるため、通常の取扱いと異なります。

〇後継者の個人事業の開業

事業承継の場合は、年の中途において開業となると想定させますので、暦年での計算と異なる所得計算などの方法を理解する必要があります。

また、先代より相続により引き継いた事業用資産は、通常の取扱いと異なります。

1 個人事業の相続に伴う廃業

1 相続に伴う廃業の税務

　個人事業の事業承継をする場合おいて、先代は、相続（事業承継）日を最終日として廃業となります。

　相続に伴う廃業の所得計算や準確定申告、事業用資産の引継ぎなどには、通常とは異なる取扱いもあります。

❶ 相続に伴う廃業の事業所得の計算

　相続に伴う廃業の個人事業の事業所得は、その年1月1日から相続日（事業廃止日）までの総収入金額（売上等）から必要経費を控除して計算します。

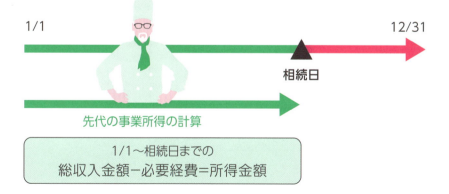

❷ 所得税の計算

　相続に伴う廃業の場合の所得税の計算は、その年1月1日から相続日を計算期間として次の手順で計算されます。

①所得金額の計算

　廃業年の所得金額の計算は、その年1月1日から相続日（廃業日）を計算期間として計算します。

　廃業年に事業所得以外の所得がある場合は、事業所得とその事業所得以外の所得も含めて、確定申告をおこないます。

②所得控除額

　所得控除額の計算などは、相続日現在の支出額や現況に応じて計算します。

【所得控除の種類】

1	雑損控除	
2	医療費控除	
3	社会保険料控除	
4	小規模企業共済等掛金控除	相続日現在の支出額等によって計算
5	生命保険料控除	
6	地震保険料控除	
7	寄付金控除	
8	障害者控除	
9	寡婦（寡夫）控除	
10	勤労学生控除	
11	配偶者控除	相続日現在の現況によって計算
12	配偶者特別控除	
13	扶養控除	
14	基礎控除	

❸ 準確定申告

　事業所得の計算は、その年１月１日から相続日までに計算します。
　先代が年の中途で死亡した場合は、先代の相続人が、その相続の開始があったことを知った日の翌日から４か月以内に、確定申告をしなければなりません。これを準確定申告といいます。

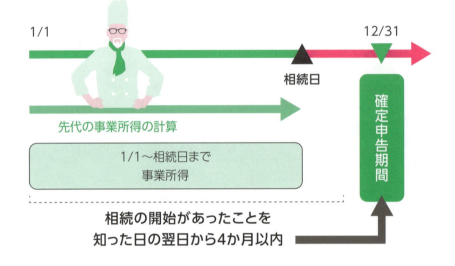

2 棚卸資産の取扱い

相続に伴う事業承継により、棚卸資産を後継者へ承継した場合は、相続による資産の移転となるため、通常の譲渡などの異なる取扱いがされます。

❶ 相続による後継者への移転

先代から後継者へ、棚卸資産が相続により移転した場合は、先代から後継者への譲渡ではないため、先代の課税関係は生じません。

❷ 売上原価の計算（期末棚卸高）

相続年の事業所得の計算上、売上原価の計算において、期末棚卸高は、相続日における棚卸高により計算します。

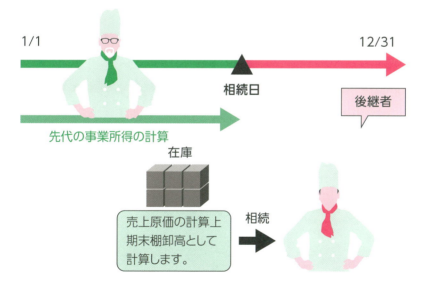

③ 事業用資産の取扱い

相続に伴う事業承継により、事業用資産を後継者へ承継した場合は、相続による資産の移転となるため、通常の譲渡などの異なる取扱いがされます。

❶ 相続による後継者への移転

先代から後継者へ、事業用資産が相続により移転した場合は、先代から後継者への譲渡ではないため、先代の課税関係は生じません。

❷ 減価償却費の計算

事業用資産を後継者に相続した場合には、その年1月1日から相続日までの期間の減価償却費を月数按分により計算し、先代の事業所得の計算上、必要経費計上します。

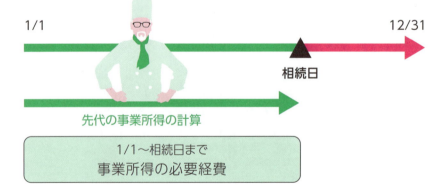

❸ 固定資産税の取扱い

　事業用資産に係る固定資産税は、その事業所得の計算上、必要経費に計上できます。

　固定資産税などの賦課課税される租税の必要経費算入時期は、課税決定がなされ債務確定したものとなります。

　固定資産税は、通常、４月に賦課決定通知が送達されますので、賦課決定通知後に相続をする場合は、その全額（１年分）を必要経費計上することができます。

　また、各納期に必要経費に計上することできるため、相続日までに納期が到来したものを先代の事業所得の必要経費に計上することもできます。

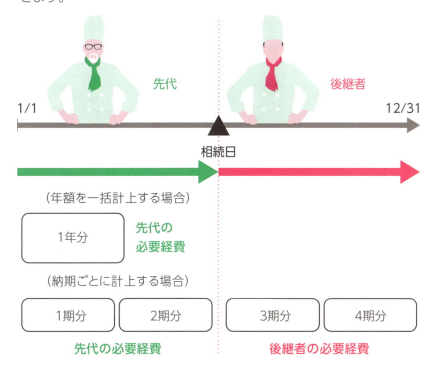

4 債権債務の取扱い

　事業を営んでいれば売掛金、買掛金、借入金などの債権債務が生じます。廃業時に有している債権債務は、後継者へ必ず引き継ぐとは限りません。

❶ 債権債務の取扱い

　相続時に存在する売掛金、買掛金、借入金などの債権債務が、先代から後継者へ、または後継者以外の親族へ相続により移転した場合は、所得税の課税関係は生じません。

　なお、その債権債務は、先代の相続税の計算において、債権は相続財産に、債務は債務控除の対象となります。

債権債務	先代	後継者
後継者へ 引継ぎ	所得税の 課税関係なし	（承継後） 債権の回収 債務の支払
後継者以外の 親族へ引継ぎ	所得税の 課税関係なし	（承継後） 債権の回収 債務の支払

❷ 債権債務の引継ぎ

　事業承継時に存在する債権債務を、後継者または後継者以外の親族に引き継ぎ、その後、後継者または後継者以外の親族がその債権の回収、債務の支払いを行います。

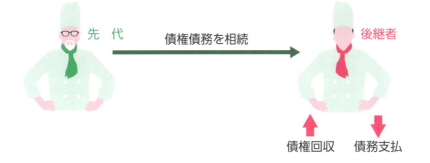

5 廃業届の提出

① 個人事業の廃業届

個人事業を廃業する場合は、税務署に「個人事業の開業・廃業等届出書」の提出が必要です。

② 提出期限

その廃業の日から1か月以内となります。

③ 記載内容

事業承継による廃業の場合は、事業を後継者に承継しますので、廃業（事由）に「事業承継のため」と記載し、承継先に後継者の住所・氏名を記入します。

6 青色申告の効力

● 相続の場合の青色申告の効力

事業の全部を廃止した場合は、廃止年の翌年分以後は青色申告の効力は失います。

そのため、廃業に伴い、「所得税の青色申告のとりやめ届出書」を提出しなくとも、翌年以後は青色申告の効力は失うため、特に手続は不要です。

7 専従者の取扱い

❶ 青色専従者への退職金

　先代の廃業に伴い、青色事業専従者へ退職金を支給しても、その退職金は必要経費に計上できません。

　生計を一にする親族への給与は、所得税の計算上、原則として必要経費に計上できず、青色事業専従者給与の手続きをした場合は、特例として必要経費に計上できます。

　青色事業専従者給与は、毎月の給料及び賞与のみを対象とした特例であるため、退職金は対象となりません。

❷ 後継者への給料

　先代の事業に、後継者となる後継者が従事しており、青色事業専従者給与の要件を満たしている場合は、その給料は青色事業専従者給与として、必要経費に計上することができます。

8 廃業年の所得計算の注意点

❶ 貸倒引当金は計上できない

　青色申告者の事業所得の計算においては、通常、貸倒引当金を計上することができます。

　しかし、廃業年は貸倒引当金を計上することができません。

　引当金は、将来の費用又は損失を見積計上する特例であり、廃業により翌年度がないため、廃業年は貸倒引当金を計上することができません。

❷ 青色申告特別控除

　青色申告書の事業所得の計算においては、青色申告特別控除（65万円又は10万円）を控除します。

　廃業年においても、その控除額を月数按分することなく、の控除額（65万円又は10万円）の全額が控除できます。

【令和元年以前】

青色申告特別控除	主な適用要件
65万円控除	①　不動産所得又は事業所得を生ずべき事業を営んでいること ②　これらの所得に係る取引を正規の簿記の原則（一般的には複式簿記）により記帳していること ③　②の記帳に基づいて作成した貸借対照表及び損益計算書を確定申告書に添付し、この控除の適用を受ける金額を記載して、法定申告期限内に提出すること
10万円控除	65万円控除の要件に該当しない青色申告者

　令和2年分以後の所得税の申告については、青色申告特別控除の見直しが行われます。

【令和２年以後】

青色申告特別控除	主な適用要件
65万円控除	①　不動産所得又は事業所得を生ずべき事業を営んでいること ②　これらの所得に係る取引を正規の簿記の原則（一般的には複式簿記）により記帳していること ③　次のいずれかに該当すること 　　イ　その年分の事業に係る仕訳帳及び総勘定元帳について、電子帳簿保存を行っていること 　　ロ　その年分の所得税の確定申告書、貸借対照表及び損益計算書の提出を、確定申告書の提出期限までにe-Tax（国税電子申告・納税システム）を使用して行うこと。
55万円控除	①　不動産所得又は事業所得を生ずべき事業を営んでいること ②　これらの所得に係る取引を正規の簿記の原則（一般的には複式簿記）により記帳していること ③　②の記帳に基づいて作成した貸借対照表及び損益計算書を確定申告書に添付し、この控除の適用を受ける金額を記載して、法定申告期限内に提出すること
10万円控除	65万円・55万円控除の要件に該当しない青色申告者

❸ 事業税の見込み控除

　所得税の計算上、必要経費に計上される租税は、原則として、その年中に、申告又は賦課により、納付すべき税額が確定したものになります。

　廃業年の所得を基礎に計算される個人事業税については、その年中に税額が確定しないため、特例として、事業税の見込額を廃業年の所得金額の計算上、必要経費に計上することができます。

9 純損失の取扱い

❶ 相続年の純損失の繰越控除

　相続年に純損失の金額が生じたときは、その純損失の金額は、翌年以後3年間、繰越控除をすることができますが、相続により廃業しているため、翌年3年間に繰越控除が可能な所得がなく、実質的に繰越控除はできません。

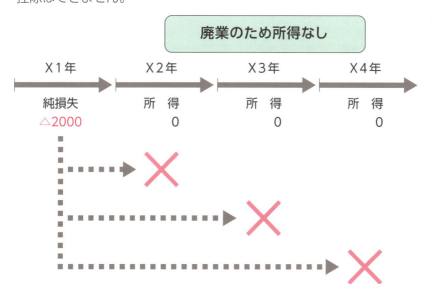

❷ 純損失の繰戻し還付

　青色申告者に純損失の金額が生じた場合は、純損失の繰越控除に代えて、その年の前年に繰り戻して、前年分の所得税の還付を受けることもできます。

　相続年の純損失の金額は、翌年以後に所得が生じず、繰越控除することができないため、この純損失の繰戻し還付を活用することをお勧めします。

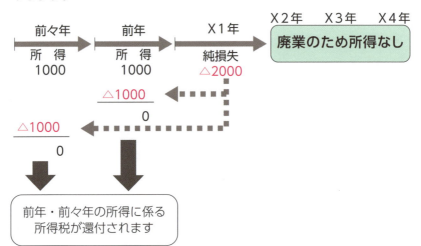

❸ 廃業の場合の繰戻し還付

相続年の前年に純損失が生じている場合は、純損失の繰越控除に代えて、その年の前々年に繰り戻して、前々年分の所得税の還付を受けることもできます。

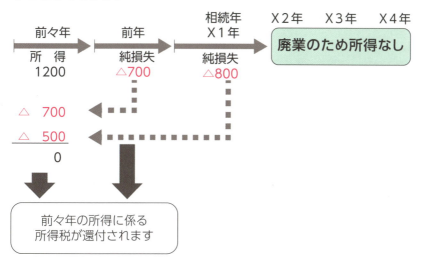

⑩ 予定納税の減額承認申請

　先代が予定納税の対象となっている場合、事業承継により廃業をした場合でも、予定納税の対象となります。
　そのため、廃業後、準確定申告をするまでの間に、到来する予定納税をさけるためには、予定納税の減額承認の手続が必要となります。

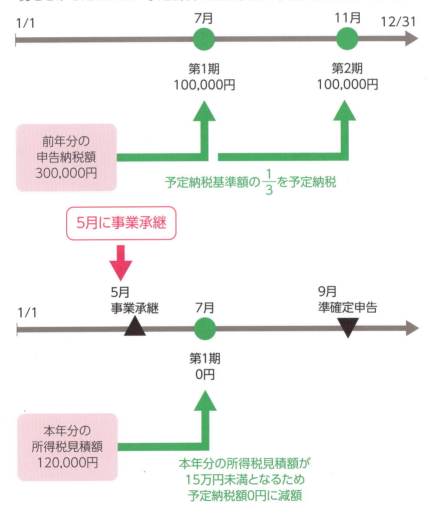

2 個人事業の相続に伴う開業

1 相続に伴う開業の税務

　個人事業を相続により事業承継をする場合、後継者は、相続日の翌日から新たな事業の開業となります。

　生前の事業承継に伴う開業とは、異なる取扱いもあります。

❶ 開業年の事業所得の計算

　開業年の個人事業の事業所得は、開業日（相続日の翌日）からその年12月31日までの総収入金額（売上等）から必要経費を控除して計算します。

❷ 所得税の計算

　開業年の所得税の計算は、開業日が年の中途であっても、暦年（その年1月1日から12月31日）を計算期間として計算します。

　開業年に事業所得以外の所得がある場合は、事業所得とその事業所得以外の所得も含めて、確定申告を行います。

　所得控除額の計算などは、その年12月31日現在の支出額や現況に応じて計算します。

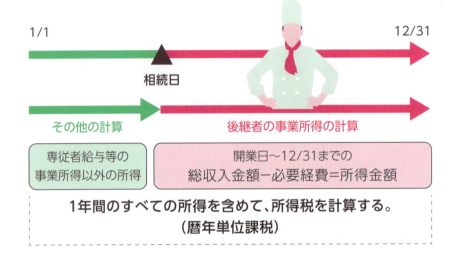

❸ 確定申告

　事業所得の計算は、開業日からその年12月31日までの期間で計算しますが、開業日までに専従者給与等のその他の所得がある場合は、その年のすべての所得を含めて、確定申告をします。確定申告は、その年の翌年2月16日～3月15日の間に行います。

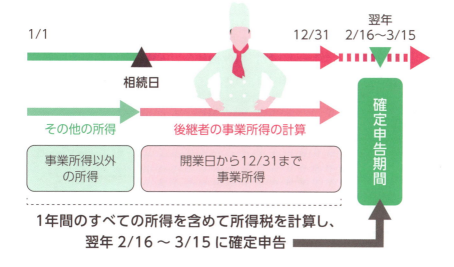

2 棚卸資産の取扱い

相続による棚卸資産の取得となるため、通常の購入による取得とは異なる取扱いとなります。

❶ 相続による後継者への移転

先代から後継者へ、棚卸資産が相続により移転した場合は、後継者の棚卸資産の取得価額は、先代（被相続人）の死亡時において、先代（被相続人）がその棚卸資産につき選定していた評価方法により評価した金額となります。

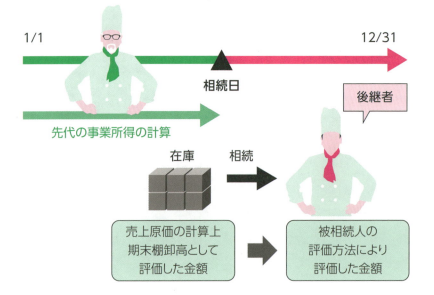

❷ 売上原価の計算

相続年の売上原価の計算は、先代（被相続人）から相続により取得した棚卸資産は、先代の評価方法にて評価した金額で計算し、その後の新たな仕入や期末棚卸高の計算は、後継者（相続人）の選定した評価方法にて評価した金額で計算します。

③ 事業用資産の取扱い

相続による事業用資産の取得となるため、通常の購入による取得とは異なる取扱いとなります。

❶ 相続による後継者への移転

先代から後継者へ、事業用資産が相続により移転した場合、後継者が取得した事業資産の取得価額は、後継者が引き続きその事業用資産の所有していたものとみなして計算します。

> 先代の取得時期、取得価額、帳簿価額（減価償却累計額）を後継者が引き継ぐ

❷ 減価償却費の計算

事業用資産を後継者が相続により取得した場合には、開業日からその年12月31日までの期間の減価償却費を月数按分により計算し、後継者の事業所得の計算上、必要経費計上します。

❸ 事業用資産の取得価額等

　事業承継に伴い、後継者が事業用資産を相続により取得した場合は、後継者が取得した事業資産の取得価額は、後継者が引き続きその事業用資産の所有していたものとみなして計算します。

先代の取得時期、取得価額、帳簿価額（減価償却累計額）を後継者が引き継ぐ

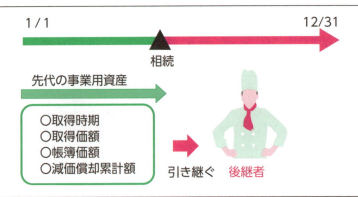

取得方法	取得価額等
相続により取得	○先代の取得時期、取得価額、帳簿価額（減価償却累計額）を引き継ぐ ○中古資産の見積耐用年数の適用なし ○償却方法は、後継者が選定した償却方法とする

❹ 相続登記のための登録免許税の取扱い

　事業用資産のうち店舗や工場などの建物・土地を相続により引き継ぎ、事業の用に供する場合には、先代（父）から後継者（子）への所有権移転の登記のために登録免許税の支払いが必要です。

　この事業用資産の相続による取得に要した登録免許税は後継者の所得計算上、必要経費に算入することができます。

【登録免許税の取扱い】

業務用資産（店舗・工場）	非業務用資産（住居）
その業務の用に供した業務に係る所得計算上、必要経費に算入する。	その資産の取得費に算入する。

参考

（固定資産税等の必要経費算入）

所得税基本通達37-5

　業務の用に供される資産に係る固定資産税、登録免許税（登録に要する費用を含み、その資産の取得価額に算入されるものを除く。）、不動産取得税、地価税、特別土地保有税、事業所税、自動車取得税等は、当該業務に係る各種所得の金額の計算上必要経費に算入する。

　（注）
1　上記の業務の用に供される資産には、相続、遺贈又は贈与により取得した資産を含むものとする。
2　その資産の取得価額に算入される登録免許税については、49-3参照

（減価償却資産に係る登録免許税等）

所得税基本通達49-3

　減価償却資産に係る登録免許税（登録に要する費用を含む。）をその資産の取得価額に算入するかどうかについては、次による。
　（1）　特許権、鉱業権のように登録により権利が発生する資産に係るものは、取得価額に算入する。
　（2）　船舶、航空機、自動車のように業務の用に供するについて登録を要する資産に係るものは、取得価額に算入しないことができる。
　（3）　（1）及び（2）以外の資産に係るものは、取得価額に算入しない。
1　業務の用に供される資産に係る登録免許税等のうち、取得価額に算入しないものについては、37-5参照
2　業務の用に供されない固定資産に係る登録免許税等については、38-9参照
3　上記の減価償却資産には、相続等により取得した減価償却資産を含むものとする。

（非業務用の固定資産に係る登録免許税等）

所得税基本通達38-9

　固定資産（業務の用に供されるものを除く。以下この項において同じ。）に係る登録免許税（登録に要する費用を含む。）、不動産取得税等固定資産の取得に伴い納付することとなる租税公課は、当該固定資産の取得費に算入する。

❺ 中古資産の減価償却

　相続により取得した事業用資産は、先代が事業の用に供していたものであるため、中古資産の取得になりますが、減価償却費については、中古資産の見積耐用年数は適用しません。

【計算例】

　令和元年6月末をもって相続により、下記の店舗を先代より後継者に引継ぎをした。

　①先代の取得年月：平成8年1月

　②先代の取得価額：15,000,000円

　③法定耐用年数：22年（旧定額法及び定額法の償却率0.046）

　④平成31年1月1日の未償却残額：750,000円

　　（取得価額の5％相当額）

○後継者の減価償却費の計算

$$15,000,000円 \times 0.046 \times \frac{6}{12} = 345,000円$$

　平成19年4月1日以後に取得をされた減価償却資産については、償却可能限度額及び残存価額が廃止され、耐用年数経過時に残存簿価1円まで償却できるようになりました。

　なお、旧定額法や定額法の適用などの減価償却の方法の改正は、その取得の時期により線引きされます。ここでいう「取得」の定義には、購入や自己の建設によるもののほか、相続、遺贈又は贈与によるものも含まれます。そのため、中古資産の見積耐用年数を使用せず、先代が適用してしていた耐用年数により計算します。

第3章

相続の伴う事業承継

❻ 固定資産税の取扱い

　事業用資産に係る固定資産税は、その事業所得の計算上、必要経費に計上できます。

　固定資産税などの賦課課税される租税の必要経費算入時期は、課税決定がなされ債務確定したものとなります。

　固定資産税は、通常、4月に賦課決定通知が送達されますので、事業承継後に賦課決定された場合は、その全額（1年分）を、後継者の事業所得の必要経費計上することができます。

　また、各納期に必要経費に計上することできるため、事業承継後に納期が到来したものを後継者の事業所得の必要経費に計上することもできます。

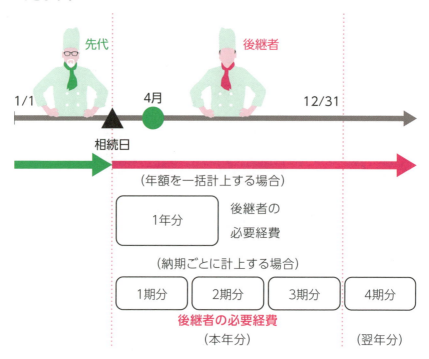

4 開業届

① 個人事業の開業届

個人事業を開業する場合は、税務署に「個人事業の開業・廃業等届出書」の提出が必要です。

② 提出期限

その開業の日から1か月以内となります。

③ 記載内容

事業承継による開業の場合は、事業を承継しますので、届出の区分（開業）に、先代の住所・氏名を記入します。

5 青色申告の承認申請

❶ 青色申告の承認申請

青色申告の承認を受けようとする後継者は、開業日から2か月以内に「青色申告の承認申請書」を提出しなければなりません。

開業日が1月15日以前の場合には、その年の3月15日が提出期限となります。

❷ 青色申告の効力

先代が青色申告者であっても、青色申告の効力は一個人に帰属するため、後継者には承継されません。後継者は自ら青色申告の承認申請の手続をする必要があります。

6 専従者の取扱い

❶ 青色事業専従者給与

　生計を一にしている配偶者その他の親族が、事業に従事している場合、これらの親族に給与を支払うことがあります。これらの給与は、原則として必要経費にはなりません。

　しかし、これらの親族に関して、一定の要件を満たし、『青色事業専従者給与に関する届出書』を提出した場合は、これら親族への給料を必要経費に計上することができます。

❷ 青色事業専従者の要件

　青色事業専従者とは、次の要件のいずれにも該当する人をいいます。
①　青色申告者と生計を一にする配偶者その他の親族であること
②　その年の12月31日現在で年齢が15歳以上であること
③　その年を通じて6か月を超える期間（事業に従事することができる期間の2分の1を超える期間）、その青色申告者の営む事業に専ら従事していること

❸ 青色事業専従者給与に関する届出書

　提出期限は、新たに事業を開始した場合には、その開始した日から2か月以内となります。

　先代の事業の青色事業専従者となっていた親族についても、後継者の事業の青色事業専従者とする場合には、新たに届出が必要です。

7 純損失の取扱い

❶ 先代の純損失

　先代の事業所得で生じた純損失は、後継者に事業を承継したとしても、その純損失は引き継ぎされません。

❷ 後継者の純損失

　後継者（青色申告者）の事業所得に損失（赤字）の金額がある場合で、損益通算の規定により当年分の一定の所得金額と通算しても、なお控除しきれない部分の金額（純損失の金額）が生じたときには、その損失額を翌年以後3年間にわたって繰り越して、各年分の所得金額から控除します。

第4章

事業承継による消費税の取扱い

1 事業承継時の消費税の取扱い

事業承継時の消費税の取扱いは、次の項目がポイントとなります。

①	課税期間
②	確定申告
③	納税義務の判定
④	みなし譲渡等

まずは、これらの原則的な取扱いを解説します。

2 課税期間

課税期間とは、消費税の計算期間となります。

個人事業者の課税期間は、その年1月1日から12月31日までとなります。

開業日が年の中途であっても、必ず、開業年の1月1日から12月31日が課税期間となります。

法人の課税期間は、事業年度であり、法人設立後最初の課税期間は、法人設立の日から事業年度の末日となります。

3 確定申告

消費税は、その課税期間ごとに、その課税期間の課税標準に対する消費税額、仕入れに対する消費税額、納付すべき税額等を記載した確定申告書を提出し、当該消費税額を納付します。

その消費税の確定申告の申告期限は、個人の場合、課税期間の翌年3月31日になります。

法人の場合は、その課税期間の翌日から2か月以内となります。

4 納税義務の判定

消費税の納税義務の判定は、原則として、その課税期間の基準期間における課税売上高で1,000万円以下か否かで判定します。

ここでいう、「基準期間の課税売上高」とは、個人の場合は前々年の課税売上高となり、法人の場合は前々事業年度の課税売上高となります。

なお、法人の場合は、基準期間が1年未満の場合は、その基準期間の課税売上高を1年換算したものが1,000万円以下か否か判定します。

$$基準期間の課税売上高 \times \frac{12}{基準期間の月数} = 1年換算額$$

しかし、個人の場合は、基準期間が開業年に該当し、実質的に事業を営んだ期間が1年未満であっても、課税期間はその年1月1日から12月31日の1年間であるため、その基準期間の課税売上高を1年換算する必要はありません。

5 消費税のみなし譲渡等

消費税の計算は、原則として、実際に受け取った課税資産の譲渡等の対価の額が課税標準となります。

しかし、例外として、対価を受け取らない取引を、実際に対価を受け取って行う資産の譲渡とみなして課税される場合と一定の取引でそ

の対価の額が時価に比べて著しく低い場合には、その時価を対価の額とみなして課税をします。これをみなし譲渡等といいます。

【消費税のみなし譲渡等の範囲】
個人事業者の自家消費
法人がその役員に対して行う資産の贈与
法人がその役員に対して行う著しく低い価額による譲渡

❶ 個人事業者の自家消費

　みなし譲渡等のうち、個人事業者の自家消費の取扱いについては次のとおりです。
　個人事業者が棚卸資産又は棚卸資産以外の資産で事業に使用していたものを家事のために消費又は使用することをいいます。

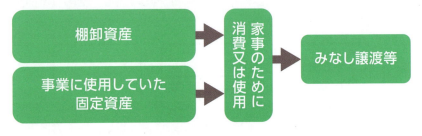

❷ 個人事業者の自家消費の課税標準

　個人事業者が自家消費を行った場合は、その資産を消費又は使用した時のその資産の時価に相当する金額を課税標準として消費税が課税されます。ただし、棚卸資産を自家消費した場合は、その棚卸資産の仕入価額以上の金額、かつ、通常他に販売する価額のおおむね50％に相当する金額以上の金額を対価の額とすることができます。

① 棚卸資産の自家消費

② 固定資産の自家消費

6 生前の事業承継の場合

❶ 課税期間

　生前の事業承継の場合の先代と後継者のそれぞれの消費税の課税期間は、次のとおりとなります。

① 先代の課税期間

その年1月1日から12月31日までとなります。

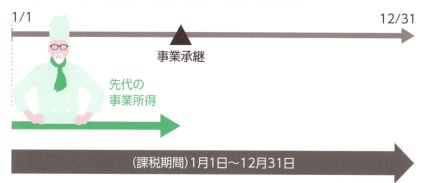

② 後継者の課税期間

　その年1月1日から12月31日までとなります。

❷ 確定申告

　生前の事業承継の場合の先代と後継者のそれぞれの消費税の確定申告の期限は、次のとおりとなります。

① 先代の確定申告の期限

　課税期間の翌年3月31日になります。

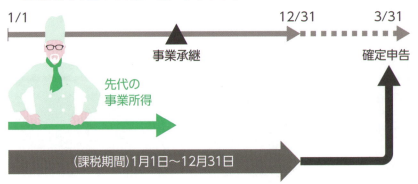

② **後継者の確定申告の期限**

課税期間の翌年3月31日になります。

❸ 納税義務の判定

　生前の事業承継の場合の先代と後継者のそれぞれの消費税の納税義務の判定は、次のとおりとなります。

① **先代の納税義務の判定**

　前々年の課税売上高により、納税義務の判定を行います。

② **後継者の納税義務の判定**

　前々年の課税売上高となり、納税義務の判定を行います。

　なお、事業承継により初めての開業の場合、前々年の課税売上高は0円となりますので、開業年は原則として納税義務なし（免税事業者）となります。

❹ みなし譲渡等

　生前の事業承継の場合の先代と後継者のそれぞれの消費税のみなし譲渡等に関する課税関係は、次のとおりとなります。

① **先代のみなし譲渡等の課税関係（棚卸資産）**

　事業承継による棚卸資産の後継者への引継ぎは、『無償による移転』、『有償による移転』がありますが、それぞれ先述のとおり、所得税の計算上、譲渡（売上）として取り扱われるため、消費税のみなし譲渡等（自家消費）にが該当しません。

（事業承継により棚卸資産の後継者の引継ぎ）

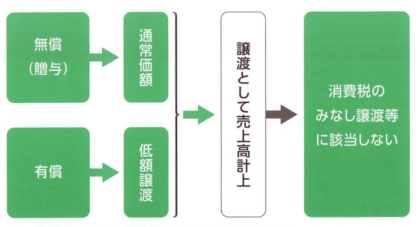

② **後継者のみなし譲渡等の課税関係（棚卸資産）**

　みなし譲渡等は、棚卸資産を自家消費した場合の取扱いのため、事業承継により棚卸資産を引き継ぐ側の後継者については、消費税のみなし譲渡等の課税関係は発生しません。

③ 先代のみなし譲渡等の課税関係（固定資産）

事業承継に伴い、後継者に事業用資産（店舗、機械、備品、車両など）を譲渡した場合又は低額譲渡した場合は、先述のとおり先代の譲渡所得として取り扱われるため、消費税のみなし譲渡等（自家消費）に該当しません。

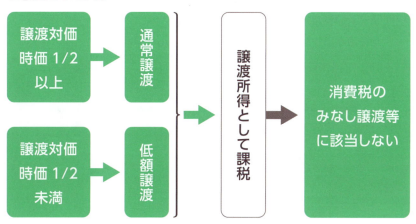

④ 後継者のみなし譲渡等の課税関係（固定資産）

みなし譲渡等は、固定資産を自家消費した場合の取扱いのため、事業承継により固定資産を引き継ぐ側の後継者については、消費税のみなし譲渡等の課税関係は発生しません。

7 相続の伴う事業承継の場合

❶ 課税期間

　相続の伴う事業承継の場合の先代と後継者のそれぞれの消費税の課税期間は、次のとおりとなります。

① 先代の課税期間

　その年1月1日から相続の開始があった日までとなります。

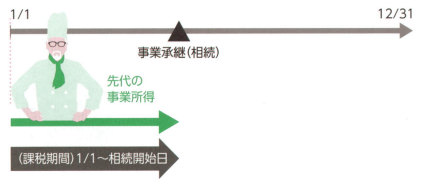

② 後継者の課税期間

　その年1月1日から12月31日までとなります。

❷ 確定申告

相続の伴う事業承継の場合の先代と後継者のそれぞれの消費税の確定申告の期限は、次のとおりとなります。

① 先代の確定申告の期限

相続の開始があったことを知った日の翌日から4か月以内となります。

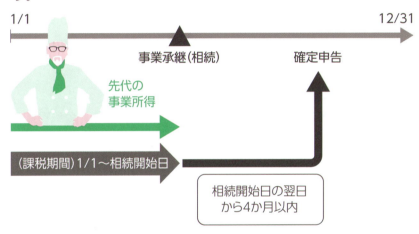

② 後継者の確定申告の期限

課税期間の翌年3月31日になります。

❸ 納税義務の判定

　相続の伴う事業承継の場合の先代と後継者のそれぞれの消費税の納税義務の判定は、次のとおりとなります。

①　先代の納税義務の判定

　前々年の課税売上高により、納税義務の判定を行います。

②　後継者の納税義務の判定の特例（相続開始年）

　後継者の納税義務の判定は、本来は、前々年の課税売上高により納税義務の判定を行い、事業承継（相続）により初めての開業の場合、前々年の課税売上高は０円となるため、開業年は納税義務なし（免税事業者）となります。

　しかし、相続に伴う事業承継した後継者（相続人）で、免税事業者となった後継者（相続人）が、基準期間の課税売上高が1,000万円超の先代（被相続人）の事業を承継したときは、相続開始の翌日からその年末までの間の納税義務は免除されません。

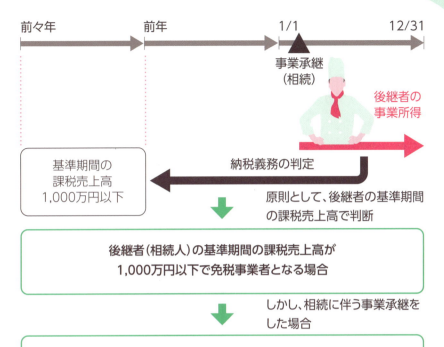
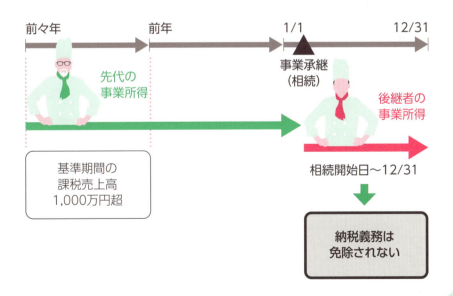

③ 後継者の納税義務の判定の特例（相続開始年の翌年、翌々年）

　相続の伴う事業承継した後継者（相続人）の相続開始年の翌年及び翌々年の納税義務は、後継者（相続人）の基準期間の課税売上高と先代（被相続人）の基準期間の課税売上高の合計額で判定します。

（相続開始年の翌年の判定）

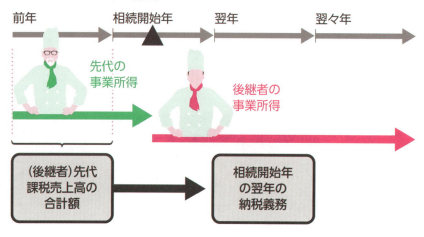

（相続開始年の翌々年の判定）

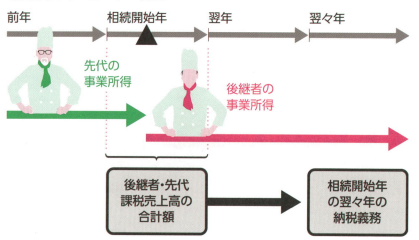

❹ みなし譲渡等

　相続の伴う事業承継の場合の先代と後継者のそれぞれの消費税のみなし譲渡等に関する課税関係は、次のとおりとなります。

① 先代のみなし譲渡等の課税関係（棚卸資産）

　相続により、先代（被相続人）より後継者（相続人）へ引き継がれた棚卸資産は、相続財産として相続税の課税財産に算入され、相続税の課税関係が発生します。

　そのため、先代（被相続人）の所得税の課税関係は発生せず、消費税の課税関係も発生しません。

② 後継者のみなし譲渡等の課税関係（棚卸資産）

　みなし譲渡等は、棚卸資産を自家消費した場合の取扱いのため、事業承継により棚卸資産を引き継ぐ側の後継者については、消費税のみなし譲渡等の課税関係は発生しません。

③ 先代のみなし譲渡等の課税関係（固定資産）

　相続により、先代（被相続人）より後継者（相続人）へ引継がれた固定資産は、相続財産として相続税の課税財産に算入され、相続税の課税関係が発生します。

　そのため、先代（被相続人）の所得税の課税関係は発生せず、消費税の課税関係も発生しません。

④ 後継者のみなし譲渡等の課税関係（固定資産）

　みなし譲渡等は、固定資産を自家消費した場合の取扱いのため、事業承継により固定資産を引き継ぐ側の後継者については、消費税のみなし譲渡等の課税関係は発生しません。

第5章

相続税の計算の特例の活用

相続に伴う事業承継については、先代（被相続人）から後継者（相続人）は、その事業に関連する棚卸資産、固定資産などの先代（被相続人）の遺産を相続し、それらは相続税の課税財産として、相続税の計算対象となります。

そこで、問題となるのが、事業承継により事業用資産を相続した後継者の相続税の負担です。後継者に、相続税を納付することができる現金等の貯えがあり、又は、相続により事業用資産以外に相続税の納付に充てることができる現金等の相続がある場合はいいですが、そうでないときは相続税の納付が、事業継続や生活に大きな影響を及ぼすこともあります。

そこで、相続税では、一定の相続財産については、相続税負担を軽減する措置として、相続税の計算の特例があります。

そのひとつに、「小規模宅地等についての相続税の課税価格の特例」があります。

❶ 内容

相続又は遺贈により取得した財産のうち、その相続の開始の直前において被相続人の事業の用に供されていた宅地等又は被相続人の居住の用に供されていた宅地等のうち、限度面積までの部分については、相続税の課税価格に算入すべき価額の計算上、一定の割合を減額します。

区分	減額される割合	限度面積
特定事業用宅地	80%	400㎡
特定居住用宅地	80%	330㎡
貸付事業用宅地等	50%	200㎡

❷ 特定事業用宅地

　相続開始の直前において被相続人等の事業（貸付事業を除きます。）の用に供されていた宅地等で、一定の要件のすべてに該当する被相続人の親族が相続又は遺贈により取得したものをいいます。（以下「小規模宅地等」といいます。）

【一定の要件】

①　先代（被相続人）の事業の用に供されていた宅地等であること。
②　その宅地等の上で営まれていた先代（被相続人）の事業を相続税の申告期限までに後継者（相続人）が引き継ぎ、かつ、その申告期限までその事業を営んでいること。
③　その宅地等を相続税の申告期限まで後継者（相続人）が有していること。

被相続人が事業に使用していた土地ですか

その土地を相続税の申告期限まで所有していますか

その土地は不動産貸付・駐車場用以外の事業に使用していますか

400㎡まで80％評価減の適用あり

　なお、不動産貸付・駐車場用に使用している場合は、「不動産貸付用宅地」として「200m^{2}まで50％評価減」の適用となります。

❸ 適用要件

この特例を適用するためには、相続税の申告期限（相続の開始を知った日の翌日から10か月以内）までに、遺産分割が完了していること要件となります。

❹ 限度面積と減額割合

後継者（相続人）が取得した小規模宅地等のうち、先代（被相続人）の事業の用に供されていた宅地等については、原則として、400㎡までの部分がこの特例の適用対象となり、減額割合は80％となります。

$$5,000万円 －（5,000万円 \times \frac{400㎡}{500㎡} \times 80\%）＝ 1,800万円$$

5,000万円 － 1,800万円 ＝ 3,200万円の評価減により相続税負担が軽減

❺ 特定事業用宅地と特定居住用宅地の併用

　先代（被相続人）の遺産に、特定事業用宅地と特定居住用宅地の両方がある場合は、「小規模宅地等についての相続税の課税価格の特例」の適用は、『特定事業用宅地』と『特定居住用宅地』の両方について、それぞれの限度面積まで、併用（最大で730㎡）することができます。

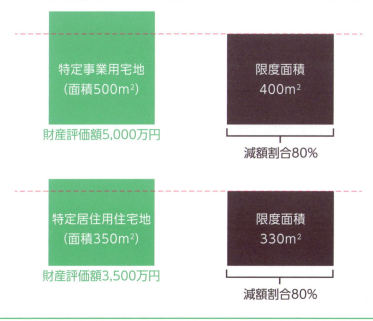

① 特定事業用宅地
　5,000万円 － (5,000万円 × $\dfrac{400㎡}{500㎡}$ × 80%) ＝ 1,800万円

② 特定居住用住宅地
　3,500万円 － (3,500万円 × $\dfrac{330㎡}{350㎡}$ × 80%) ＝ 860万円

③ 　① ＋ ② ＝ 2,660万円

(5,000万円 ＋ 3,500万円) － 2,660万円 ＝ 5,840万円の評価減
により相続税負担が軽減

第6章

個人版事業承継税制

個人版事業承継税制は、先代より後継者が、事業用資産を贈与又は相続等により取得した場合において、その事業用資産に係る贈与税・相続税について、一定の要件のもと、その納税を猶予し、後継者の死亡等により、納税が猶予されている贈与税・相続税の納付が免除される制度です。

1 贈与税の納税猶予・免除制度

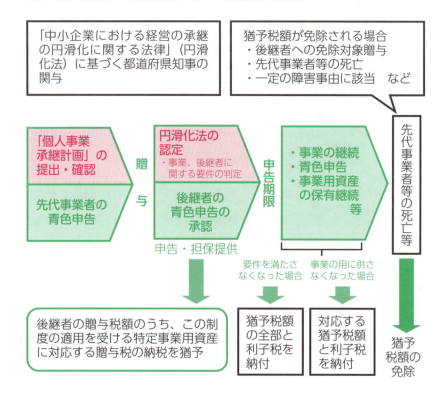

❶ 先代の適用要件

①	青色申告者（正規の簿記の原則によるものに限る。）であること。
②	先代の事業（不動産貸付業を除く。）の用に供していた特定事業用資産を後継者に贈与すること。
③	「廃業届出書」を提出していること又は後継者の贈与税の申告期限までに提出する見込みであること。

❷ 後継者の適用要件

①	贈与の日において20歳以上であること。
②	後継者として「中小企業における経営の承継の円滑に関する法律」の認定を受けた者であること。
③	贈与の日まで引き続き3年以上にわたり、特定事業用資産に係る事業に従事していたこと。
④	贈与税の申告期限において開業届出書を提出していること。
⑤	贈与税の申告期限において青色申告の承認を受けていること。
⑥	特定事業用資産に係る事業が、資産管理事業及び性風俗関連特殊営業に該当しないこと。

❸ 資産管理事業

　資産管理事業とは、有価証券、自ら使用していない不動産、現金預金等の特定の資産の保有割合が特定事業用資産に係る総資産の総額の70％以上となる事業（資産保有型事業）やこれらの特定の資産からの運用収入が特定事業用資産に係る事業の総収入金額の75％以上となる事業（資産運用型事業）をいいます。

❹ 特定事業用資産

　特定事業用資産とは、先代の事業の用に供されていた次の資産で、贈与の日の属する年の前年分の事業所得に係る青色申告書の貸借対照表に計上されていたものをいいます。

①　宅地等（400㎡まで）
②　建物（床面積800㎡まで）
③　建物以外の減価償却資産で次のもの 　イ　固定資産税の課税対象とされているもの 　ロ　自動車税、軽自動車税の営業用の標準税率が適用されるもの 　ハ　その他一定のもの 　　・貨物運送用など一定の自動車 　　・乳牛・果樹等の生物 　　・特許権等の無形固定資産

❺ 担保提供

　納税が猶予される贈与税額及び利子税の額に見合う担保を税務署に提供する必要があります。

❻ 贈与税の計算

　特定事業用資産の贈与の日の属する年に、贈与を受けたすべての財産の価額の合計額に基づき計算した贈与税額（A）から特定事業用資産のみ（B）の贈与を受けた仮定して計算した贈与税額を控除した差額が納付税額となります。

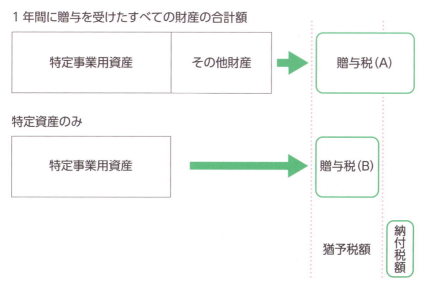

❼ 贈与税の申告

　後継者は、特定事業用資産の贈与を受けた年の翌年2月1日から3月15日までに、住所地の所轄の税務署に贈与税の確定申告が必要です。

　この制度の適用を受ける場合に、期限内申告が要件となります。

　また、特定事業用資産のみの贈与を受けた場合など納付税額が生じない場合でも、贈与税の確定申告が必要です。

❽ 継続届出書

　特定事業用資産の贈与について納税猶予制度の適用を受けた場合は、その後、引き続き納税猶予の適用を受けるためには、3年ごとに「継続届出書」を所轄の税務署に提出する必要があります。

　この「継続届出書」の提出がない場合には、猶予されている贈与税の全額と利子税を納付する必要があります。

❾ 猶予された贈与税の免除

　特定事業用資産の贈与について納税猶予制度の適用を受け、その後、先代が死亡した場合などの一定の事由が生じたときは、「免除届出書」・「免除申請書」を提出することにより、納税が猶予されている贈与税の全部又は一部ついて、その納付が免除されます。

【免除される一定の事由】

先代（贈与者）が死亡した場合
① 後継者（受贈者）が死亡した場合
② 特定申告期限の翌日から5年を経過する日後に、特例受贈事業用資産のすべてについて「免除対象贈与」を行った場合
③ 事業を継続することができなくなったことについて、やむを得ない理由がある場合
④ 破産手続開始の決定などがあった場合
⑤ 事業の継続が困難な一定の事由が生じた場合において、特例受贈事業用資産のすべての譲渡・事業の廃止をしたとき

2 相続税の納税猶予・免除制度

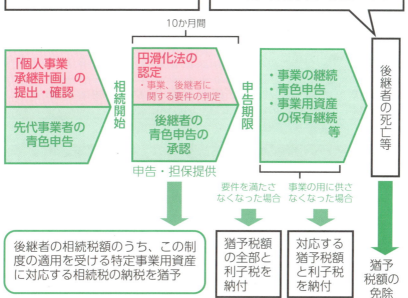

❶ 先代（被相続人）の適用要件

① 青色申告者（正規の簿記の原則によるものに限る。）であること。
② 相続開始の日の属する年、その前年及びその前々年の確定申告書を青色申告書により提出していること。
③ 先代の事業（不動産貸付業を除く。）の用に供していた特定事業用資産を後継者に相続すること。

❷ 後継者（相続人）の適用要件

①　後継者として「中小企業における経営の承継の円滑化に関する法律」の認定を受けた者であること。
②　相続開始の直前において特定事業用資産に係る事業に従事していたこと。
③　相続税の申告期限において開業届出書を提出していること。
④　贈与税の申告期限において青色申告の承認を受けていること。
⑤　特定事業用資産に係る事業が、資産管理事業及び性風俗関連特殊営業に該当しないこと。
⑥　先代から相続により財産を取得した者が、特定事業用宅地等について小規模宅地等の特例の適用を受けていないこと。

❸ 担保提供

　納税が猶予される相続税額及び利子税の額に見合う担保を税務署に提供する必要があります。

❹ 相続税の計算

　すべての相続財産の価額に基づき計算した後継者の相続税額（A）から、後継者以外の相続人等が取得した財産の価額と後継者が取得した特定事業用資産の価額の合計額に基づき後継者の相続税額（B）を控除した差額が、後継者の納付税額となります。

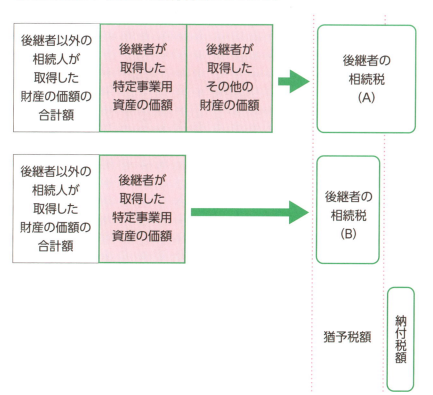

❺ 相続税の申告

　相続開始があったことを知った日の翌日から10か月以内に、所轄の税務署に相続の申告をする必要があります。

❻ 継続届出書

　特定事業用資産の相続について納税猶予制度の適用を受けた場合は、その後、引き続き納税猶予の適用を受けるためには、３年ごとに「継続届出書」を所轄の税務署に提出する必要があります。

　この「継続届出書」の提出がない場合には、猶予されている相続税の全額と利子税を納付する必要があります

❼ 猶予された相続税の免除

　特定事業用資産の相続について納税猶予制度の適用を受け、その後、後継者が死亡した場合などの一定の事由が生じたときは、「免除届出書」・「免除申請書」を提出することにより、納税が猶予されている相続税の全部又は一部ついて、その納付が免除されます。

【免除される一定の事由】

① 　後継者が死亡した場合

② 　特定申告期限の翌日から５年を経過する日後に、特例事業用資産のすべてについて「免除対象贈与」を行った場合

③ 　事業を継続することができなくなったことについて、やむを得ない理由がある場合

④ 　破産手続開始の決定などがあった場合

⑤ 　事業の継続が困難な一定の事由が生じた場合において、特例受贈事業用資産のすべての譲渡・事業の廃止をしたとき

第7章

個人事業の労働保険と社会保険

事業者が従業員を雇用した場合は、従業員の社会保障制度として「労災保険」「雇用保険」「健康保険」「厚生年金保険」が関係してきます。

　労災保険と雇用保険を合わせて「労働保険」と呼び、健康保険と厚生年金保険を合わせて「社会保険」と呼びます。

○会社の加入条件と個人事業の加入条件の違い

　会社（法人）が、従業員を雇用した場合は、「労働保険」と「社会保険」は、原則として強制加入となります。

　個人事業の場合は、会社（法人）加入条件と異なるところがあります。

○個人事業は、業種と従業員数で加入条件が異なる

　個人事業の場合は、強制加入ではなく、その業種、従業員の数によって加入条件が異なります。

○事業主と家族従業員

　個人事業の場合は、事業主は「労働保険」「社会保険」ともに加入対象とはなりません。

　また、事業専従者も同様に、「労働保険」「社会保険」ともに原則として加入対象とはなりません。

1 労働保険

　労働保険とは、労災保険（正式名称は「労働者災害補償保険」といいます。）と雇用保険を合わせて「労働保険」と呼びます。

❶ 労災保険

① 制度内容

　労災保険は、労働者が仕事中や通勤途上でケガ・病気になった際などに、治療費などの必要な給付を行うものです。

　業務上の災害は、使用者である事業主がすべて補償することになっており、その補償の内容によっては事業主の負担が膨大になることあります。万が一、業務災害が起きた時に、被災労働者に対するこれらの補償を肩代わりしてくれるのが労災保険です。労災保険は、労働者のための保険ではなく、事業主のための保険となります。

② 加入条件

　会社や個人事業の区分、正社員やアルバイト、パートを問わず従業員を1人でも雇っている事業所は、原則として労災保険に加入（強制加入）しなければなりません。

　なお、例外として農林水産業を営む個人事業については、暫定任意適用事業に該当する場合は、加入は任意となります。

③ 保険料

　労災保険の保険料はすべて事業所が負担します。

④ 事業主と青色事業専従者

　事業主は、経営者（会社でいうと役員）のため、労災保険の対象とはなりません。

　青色事業専従者も、労基法上、労働者とならないため、原則として労災保険の対象となりません。

❷ 雇用保険

① 制度内容

雇用保険は、働く人が失業した際に一定期間の生活保障を行うための保険です。

雇用保険には失業給付だけでなく、育児休業給付や各種助成金など、労働者の雇用の維持や促進を支える制度もあります。

② 加入条件

会社や個人事業の区分を問わず、雇用保険に加入対象者は、正社員など正規雇用者のほか、所定労働時間が週20時間以上で一定の条件を満たすパートやアルバイト、派遣社員などの非正規雇用の労働者です。日雇労働者や条件を満たす季節労働者なども対象になります。

平成29年1月1日以降、65歳以上の労働者も雇用保険が適用されるようになりました。

③ 保険料

雇用保険の保険料は、労働者と事業主が負担します。

④ 事業主と青色事業専従者

事業主は、経営者（会社で言うと役員）のため、雇用保険の対象とはなりません。

青色事業専従者も、労基法上、労働者とならないため、雇用保険の対象となりません。

❸ 事業承継時の労働保険の手続

　事業承継は、先代の個人事業の廃業と後継者の個人事業の開業となり、この考え方は労働保険の手続においても、原則として同じ考え方のため、事業主が先代から後継者に交代しますので、それぞれ廃業と開業の手続が必要です。

①　先代の廃業の手続

　廃業により、労働保険の適用関係がなくなるため、下記の書類の提出よる手続が必要となります。

（労働保険）労働保険確定保険料申告書
（雇用保険）雇用保険被保険者資格喪失届
（雇用保険）雇用保険適用事業所廃止届

②　後継者の開業の手続

　開業により、労働保険の適用関係が新たに生じますので、下記の書類の提出による手続が必要です。

（労働保険）保険関係成立届
（労働保険）労働保険概算保険料申告書
（雇用保険）雇用保険適用事業所設置届
（雇用保険）雇用保険被保険者資格取得届

　なお、労働保険の適用関係の手続については、原則として廃業及び開業の手続になりますが、状況によっては事業主の変更の手続などで、事業承継に伴う手続が完了するケースもあります。詳しくは、労働基準監督署及びハローワークにて確認してください。

第7章

個人事業の労働保険と社会保険

2 社会保険

① 国民健康保険と健康保険

　日本では、すべての国民がいずれかの公的医療保険へ加入する必要があります。公的医療保険はいくつかに分類することができますが、一般的なものとして会社員が加入している健康保険（社会保険）と自営業者などが加入する国民健康保険です。

区分	公的医療保険
会社勤めの方	健康保険
自営業の方	国民健康保険

①　国民健康保険

　個人事業の場合は、事業主及びその事業主の営む個人事業に勤めている方も、原則として国民健康保険への加入となります。

②　個人事業の健康保険（強制加入）

　個人事業の場合、従業員が5人以上になると健康保険の加入義務が生じますが、4人以下のときは加入義務が生じないため、各人で国民健康保険の加入となります。

　しかし、従業員が5人以上であっても、飲食店、クリーニング業などのサービス業の一部や農業、漁業などは、加入義務は生じません。

【従業員5人以上で強制加入】

> 従業員5人以上の
> 製造業、運送業、土木建築業や物品販売業などは強制加入

【従業員5人以上でも任意加入】

> 農林水産業、サービス業（理美容業、飲食店、クリーニング店等）、士業（弁護士、税理士、社会保険労務士等）、宗教業（神社、寺等）などは任意加入

③　個人事業の健康保険（任意加入）

　従業員が4人以下の場合及び従業員が5人以上の飲食店、クリーニ

ング業などのサービス業の一部や農業、漁業などは、加入義務は生じませんが、従業員の半数以上の加入の同意があれば任意加入ができます。

	製造業・運送業・土木建築業・物品販売業など	農林水産業・飲食業・士業・宗教業など
従業員4人以下	加入義務なし（任意）	加入義務なし（任意）
従業員5人以上	加入義務あり（強制）	

④　健康保険の加入条件

　1週間の所定労働時間および1か月の所定労働日数が、常時雇用者の4分の3以上であることが加入条件となります。

⑤　保険料

　国民健康保険の保険料は、全員が個人負担となります。

　健康保険の保険料は、従業員と事業主が負担します。

⑥　事業主と青色事業専従者

　事業主及び青色事業専従者は、健康保険の対象者となりません。

　従業員は健康保険へ加入していても、事業主及び青色事業専従者は、国民健康保険に加入することになります。

❷ 国民年金と厚生年金保険

　国民年金は「基礎年金」とも呼ばれるものであり、20歳以上60歳未満の国民全員が必ず加入することになっている年金制度です。

　厚生年金保険は、国民年金に上乗せされて給付される年金です。基礎年金となっている国民年金の金額に、厚生年金保険の受給額が加算され、合計金額が年金として受給することができます。

①　国民年金

　個人事業の場合は、事業主及びその事業主の営む個人事業に勤めている方も、原則として国民年金への加入となります。

第7章　個人事業の労働保険と社会保険

② **厚生年金保険**

　厚生年金保険の対象者は、主に会社員やサラリーマンなどとなります。

　個人事業主でも従業員が５人以上いる場合には、強制加入となります。ただし、飲食店などのサービス業は対象外です。

　従業員が４人以下の場合でも、従業員の半数以上が加入に同意する場合には任意加入することができます。

	製造業・運送業・土木建築業・物品販売業など	農林水産業・飲食業・士業・宗教業など
従業員４人以下	加入義務なし（任意）	加入義務なし（任意）
従業員５人以上	加入義務あり（強制）	

④ **厚生年金保険の加入条件**

　１週間の所定労働時間および１か月の所定労働日数が、常時雇用者の４分の３以上であることが加入条件となります。

⑤ **保険料**

　国民年金の保険料は、全員が個人負担となります。

　厚生年金保険の保険料は、従業員と事業主が負担します。

⑥ **事業主と青色事業専従者**

　事業主及び青色事業専従者は、国民年金の対象者となりません。

　従業員は厚生年金保険へ加入していても、事業主及び青色事業専従者は、国民年金に加入することになります。

❸ 事業承継時の社会保険の手続

　事業承継は、先代の個人事業の廃業と後継者の個人事業の開業となり、この考え方は社会保険の手続においても、原則として同じ考え方のため、事業主が先代から後継者に交代しますので、それぞれ廃業と開業の手続が必要です。

なお、国民健康保険及び国民年金へ加入している場合は、各個人での加入となるため、事業承継に伴い、特段の手続は必要ありません。

①　先代の廃業の手続

　廃業により、社会保険の適用関係がなくなるため、下記の書類の提出よる手続が必要となります。

（社会保険）被保険者資格喪失届
（社会保険）健康保険・厚生年金保険適用事業所全喪届

②　後継者の開業の手続

　開業により、社会保険の適用関係が新たに生じますので、下記の書類の提出による手続が必要です。

（社会保険）新規適用届
（社会保険）被保険者資格取得届

　なお、社会保険の適用関係の手続については、原則として廃業及び開業の手続になりますが、状況によっては事業主の変更の手続などで、事業承継に伴う手続が完了するケースもあります。詳しくは、年金事務所にて確認してください。

（労働保険概算・確定保険料申告書）

式第6号（第24条、第25条、第33条関係）（甲）

労働保険　**概算・確定 保険料申告書**
下記のとおり申告します。

継続事業
（一括有期事業を含む。）

事業主控

平成　年　月　日

あて先 〒

※ 各 種 区 分

管轄(2)	保険関係等	業 種	産業分類

① 労働保険	都道府県	所掌	管轄(1)	基 幹 番 号	枝 番 号
					－

※提出年月日(元号:平成は7) 　③事業廃止等年月日(元号:平成は7) 　※事業廃止等理由

④常時使用労働者数 　⑤雇用保険被保険者数 　⑥免除対象高年齢労働者数 　※保険関係 　※片保険理由コード

労働保険特別会計歳入徴収官殿

⑦	区　分	算定期間　平成　年　月　日　から　平成　年　月　日　まで		
		⑧ 保険料算定基礎額	⑨ 保険料率	⑩ 確定保険料額（⑧×⑨）
確定保険料算定内訳	労働保険料（労災＋雇用）	(イ)　　　　千円	(イ) 1000分の 18.0	(イ)　　　　円
	労災保険分	(ロ)　　　　千円	(ロ) 1000分の ***.**	(ロ)　　　　円
	雇用保険分 雇用保険法適用者分	(ハ)　　　　千円		
	高年齢労働者分	(ニ)　　　　千円	(ニ) 1000分の 18.0	(ニ)　　　　円
	保険料算定対象者分	(ホ)　　　　千円	(ホ) 1000分の 18.0	(ホ)　　　　円

⑪	区　分	算定期間　平成　年　月　日　から　平成　年　月　日　まで		
		⑫ 保険料算定基礎額の見込額	⑬保険料率	⑭ 概算保険料額（⑫×⑬）
概算保険料算定内訳	労働保険料（労災＋雇用）	(イ)　　　　千円	(イ) 1000分の 18.0	(イ)　　　　円
	労災保険分	(ロ)　　　　千円	(ロ) 1000分の ***.**	(ロ)　　　　円
	雇用保険分 雇用保険法適用者分	(ハ)　　　　千円		
	高年齢労働者分	(ニ)　　　　千円		
	保険料算定対象者分	(ホ)　　　　千円	(ホ) 1000分の 18.0	(ホ)　　　　円

⑮事業主の郵便番号(変更のある場合記入)　⑯事業主の電話番号(変更のある場合記入)

⑰ 延納の申請 納付回数

⑱ 申 告 済 概 算 保 険 料 額	円

⑲ 申告済概算保険料額	

⑳ 差引額	(イ)充当額	⑱－⑩の(イ) 円	(ロ)還付額	⑱－⑩の(イ) 円	(ハ)不足額	⑩の(イ)－⑱ 円

㉑ 増加概算保険料額 （⑭の(イ)－⑲）	

㉒ 期別納付額	全期又は第1期(初期)	(イ)概算保険料額	(ロ)充当額	(ハ)不足額	(ニ)今期納付額
	第 2 期	(ホ)概算保険料額	(ヘ)充当額	(ト)第2期納付額	
	第 3 期	(チ)概算保険料額	(リ)充当額	(ヌ)第3期納付額	

㉓ 保険関係成立年月日	
㉔ 事業廃止等理由	(1) 廃止　(2) 委託　(3) 個別　(4) その他
㉕ 事業又は作業の種類	

郵便番号　－　　電話番号（　）－

㉖加入している労働保険	(イ) 労災保険 (ロ) 雇用保険	㉗特掲事業	(イ) 該当する (ロ) 該当しない	㉘ 事業主	(イ) 住 所	
㉙ 事業	(イ) 所在地				(ロ) 名 称	
	(ロ) 名 称				(ハ) 氏 名	記名押印又は署名 印

（保険関係成立届）

様式第1号（第4条、第64条、附則第2条関係）（表面）

提出用

労働保険　　0：保険関係成立届（継続）（事務処理委託届）
　　　　　　1：保険関係成立届（有期）
　　　　　　2：任意加入申請書（事務処理委託届）

業種別　3160

年　月　日

　労　働　局　長
　労働基準監督署長　殿
　公共職業安定所長

下記のとおり
（イ）届けます。（3160又は31601のとき）
（ロ）労災保険
（ハ）雇用保険　の加入を申請します。（3162のとき）

労働保険番号

① 住所又は所在地
　事業主　氏名又は名称

② 事業所在地・名称

③ 事業の概要

④ 事業の種類

⑤ 加入済の労働保険（イ）労災保険（ロ）雇用保険

⑥ 保険関係成立年月日

⑦ 雇用保険被保険者数　一般・短期／日雇

⑧ 賃金総額の見込額　　千円

⑨ 委託事務組合　代表者氏名

⑩ 委託事務内容

⑪ 事業開始年月日

⑫ 事業廃止等年月日

⑬ 建設の請負金額

⑭ 立木の伐採の事業の素材見込生産量

⑮ 発注者

第7章　個人事業の労働保険と社会保険

195

（雇用保険被保険者資格喪失届）

様式第4号　（移行処理用）　**雇用保険被保険者**　資格喪失届　氏名変更届

標準字体 `0123456789`

（必ず第2面の注意事項を読んでから記載してください。）

（この用紙は、このまま機械で処理しますので、汚さないようにしてください。）

※ 帳票種別	
`1519`	0 氏名変更届 1 資格喪失届

1. 個人番号

2. 被保険者番号

3. 事業所番号

4. 資格取得年月日　（3 昭和 / 4 平成 / 5 令和）元号

5. 離職等年月日　元号

6. 喪失原因
1 離職以外の理由
2 3以外の離職
3 事業主の都合による離職

7. 離職票交付希望　（1 有 / 2 無）

8. 1 週間の所定労働時間　時間　分

9. 補充採用予定の有無　（空白 無 / 1 有）

10. 新氏名　フリガナ（カタカナ）

※公共職業安定所記載欄

11. 喪失時被保険者種類　（3 季節）

12. 国籍・地域コード　（17欄に対応するコードを記入）

13. 在留資格コード　（18欄に対応するコードを記入）

------14欄から18欄までは、被保険者が外国人の場合のみ記入してください。------

14. 被保険者氏名（ローマ字）または新氏名（ローマ字）（アルファベット大文字で記入してください。）

被保険者氏名（ローマ字）または新氏名（ローマ字）〔続き〕

15. 在留期間　西暦　年　月　日　まで

16. 派遣・請負就労区分
1 派遣・請負労働者として主として当該事業所以外で就労していた場合
2 1に該当しない場合

17. 国籍・地域（　　　）

18. 在留資格（　　　）

19.　（フリガナ） 被保険者氏名		20. 性別 男・女	21. 生年月日 （大正 昭和 / 平成 令和）年　月　日	
22. 被保険者の 住所又は居所				
23. 事業所名称		24. 氏名変更年月日	令和　年　月　日	
25. 被保険者で なくなった ことの原因				

雇用保険法施行規則第7条第1項・第14条第1項の規定により、上記のとおり届けます。

令和　年　月　日

住　所

事業主　氏　名　　　記名押印又は署名 印

電話番号

公共職業安定所長　殿

社会保険 労務士 記載欄	作成年月日・提出代行者・事務代理者の表示	氏　名　印	電話番号	安定所 備考欄	

※所長	次長	課長	係長	係	操作者	確認通知年月日 令和　年　月　日

2019. 5

（雇用保険適用事業所廃止届）

雇用保険適用事業所廃止届

標準字体 **0 1 2 3 4 5 6 7 8 9**
（必ず第2面の注意事項を読んでから記載してください。）

帳票種別 **1 4 0 0 2**

1. 法人番号（個人事業の場合は記入不要です。）

※2. 本日の資格喪失・転出者数 　　　人

（この用紙は、このまま機械で処理しますので、汚さないようにしてください。）

3. 事業所番号

4. 設置年月日
（元号　年　月　日）（3 昭和 4 平成 / 5 令和）

5. 廃止年月日
（元号　年　月　日）（4 平成 / 5 令和）

6. 廃止区分

7. 統合先事業所の事業所番号

8. 統合先事業所の設置年月日
（元号　年　月　日）（3 昭和 4 平成 / 5 令和）

| 9. 事業所 | （フリガナ）所 在 地 | |
| | （フリガナ）名 称 | |

| 10. 労働保険番号 | 府県 | 所掌 | 管轄 | 基幹番号 | 枝番号 | 11. 廃止理由 | |

上記のとおり届けます。

　　　　令和　　年　　月　　日

公共職業安定所長　殿

事業主

　　　住　　所
　　　名　　称
　　　氏　　名
　　　電話番号

記名押印又は署名
印

※公共職業安定所記載欄	届書提出後、事業主が住所を変更する場合又は事業主に承継者等のある場合は、その者の住所・氏名	（フリガナ）名 称	
		（フリガナ）住 所	
		（フリガナ）代表者氏名	
		電 話 番 号	郵 便 番 号　　　　－

| 備考 | ※ | 所長 | 次長 | 課長 | 係長 | 係 | 操作者 |

労働保険事務組合記載欄

所在地 _____

名　称 _____

代表者氏名 _____ 印

| 社会保険労務士記載欄 | 作成年月日・提出代行者・事務代理者の表示 | 氏　名 | 電話番号 |
| | | 印 | |

（この届出は、事業所を廃止した日の翌日から起算して10日以内に提出してください。）

2019. 5

（雇用保険適用事業所設置届）

雇用保険適用事業所設置届

（必ず第2面の注意事項を読んでから記載してください。）

※ 事業所番号

下記のとおり届けます。

公共職業安定所長 殿

令和　年　月　日

（この用紙は、このまま機械で処理しますので、汚さないようにしてください。）

帳票種別

1	2	0	0	1

1. 法人番号（個人事業の場合は記入不要です。）

2. 事業所の名称（カタカナ）

事業所の名称〔続き（カタカナ）〕

3. 事業所の名称（漢字）

事業所の名称〔続き（漢字）〕

4. 郵便番号

5. 事業所の所在地（漢字）※市・区・郡及び町村名

事業所の所在地（漢字）※丁目・番地

事業所の所在地（漢字）※ビル、マンション名等

6. 事業所の電話番号（項目ごとにそれぞれ左詰めで記入してください。）

市外局番　　市内局番　　番号

7. 設置年月日

元号　　年　　月　　日

（3 昭和　4 平成　5 令和）

8. 労働保険番号

府県　所掌　管轄　基幹番号　枝番号

※
公共職業安定所
記載欄

9. 設置区分	10. 事業所区分	11. 産業分類	12. 台帳保存区分
（1 当然　2 任意）	（1 個別　2 委託）		（1 日雇被保険者のみの事業所　2 船舶所有者）

13. 事業主	（フリガナ）		17. 常時使用労働者数		人
	住所（法人のときは主たる事務所の所在地）		18. 雇用保険被保険者数	一般	人
	（フリガナ）			日雇	人
	名称		19. 賃金支払関係	賃金締切日	日
	（フリガナ）			賃金支払日	当・翌月　日
	氏名（法人のときは代表者の氏名）	記名押印又は署名　印	20. 雇用保険担当課名		課係

14. 事業の概要

（農業の場合は漁船の総トン数を記入すること）

21. 社会保険加入状況

健康保険
厚生年金保険
労災保険

15. 事業の開始年月日	令和　年　月　日	※事業の16. 廃止年月日	令和　年　月　日

備考		※	所長	次長	課長	係長	係	操作者

（この届出は、事業所を設置した日の翌日から起算して10日以内に提出してください。）

2019. 5

（雇用保険被保険者資格取得届）

協会けんぽご加入の事業所様へ
※ 70歳以上被用者該当届のみ提出の場合は、「⑩備考」欄の「1. 70歳以上被用者該当」および「5. その他」に○をし、「5. その他」の［ ］内に「該当届のみ」とご記入ください（この場合、健康保険被保険者証の発行はありません）。

第7章

個人事業の労働保険と社会保険

（被保険者資格喪失届）

| 様式コード
2 2 0 1 | 健 康 保 険
厚生年金保険
厚生年金保険 | 被保険者資格喪失届
70歳以上被用者不該当届 | |||

令和　　　年　　　月　　　日提出

提出者記入欄	事業所整理記号				事業所番号			受付印
	届書記入の個人番号に誤りがないことを確認しました。							
	事業所所在地	〒　－			在職中に70歳に到達された方の厚生年金保険被保険者喪失届は、この用紙ではなく『70歳到達届』を提出してください。			
	事業所名称							
	事業主氏名			㊞	社会保険労務士記載欄			
	電話番号	（　　　）			氏名等		㊞	

被保険者 1

①被保険者整理番号		②氏名	（フリガナ）			③生年月日	5.昭和 7.平成 9.令和	年	月	日
			（氏）	（名）						
④個人番号[基礎年金番号]		⑤喪失年月日	9.令和	年	月　　日	⑥喪失不該当原因	4. 退職等（令和　年　月　日退職等） 5. 死亡（令和　年　月　日死亡） 7. 75歳到達（健康保険のみ喪失） 9. 障害認定（健康保険のみ喪失）			
⑦備考	該当する項目を○で囲んでください。 1. 二以上事業所勤務者の喪失　　3. その他 2. 退職後の継続再雇用者の喪失　〔　　　〕				保険証回収　添付　　　枚 　　　　　　返不能　　　枚		⑧70歳不該当	□70歳以上被用者不該当 （退職日または死亡日を記入してください） 不該当年月日 9.令和　年　月　日		

被保険者 2

①被保険者整理番号		②氏名	（フリガナ）			③生年月日	5.昭和 7.平成 9.令和	年	月	日
			（氏）	（名）						
④個人番号[基礎年金番号]		⑤喪失年月日	9.令和	年	月　　日	⑥喪失不該当原因	4. 退職等（令和　年　月　日退職等） 5. 死亡（令和　年　月　日死亡） 7. 75歳到達（健康保険のみ喪失） 9. 障害認定（健康保険のみ喪失）			
⑦備考	該当する項目を○で囲んでください。 1. 二以上事業所勤務者の喪失　　3. その他 2. 退職後の継続再雇用者の喪失　〔　　　〕				保険証回収　添付　　　枚 　　　　　　返不能　　　枚		⑧70歳不該当	□70歳以上被用者不該当 （退職日または死亡日を記入してください） 不該当年月日 9.令和　年　月　日		

被保険者 3

①被保険者整理番号		②氏名	（フリガナ）			③生年月日	5.昭和 7.平成 9.令和	年	月	日
			（氏）	（名）						
④個人番号[基礎年金番号]		⑤喪失年月日	9.令和	年	月　　日	⑥喪失不該当原因	4. 退職等（令和　年　月　日退職等） 5. 死亡（令和　年　月　日死亡） 7. 75歳到達（健康保険のみ喪失） 9. 障害認定（健康保険のみ喪失）			
⑦備考	該当する項目を○で囲んでください。 1. 二以上事業所勤務者の喪失　　3. その他 2. 退職後の継続再雇用者の喪失　〔　　　〕				保険証回収　添付　　　枚 　　　　　　返不能　　　枚		⑧70歳不該当	□70歳以上被用者不該当 （退職日または死亡日を記入してください） 不該当年月日 9.令和　年　月　日		

被保険者 4

①被保険者整理番号		②氏名	（フリガナ）			③生年月日	5.昭和 7.平成 9.令和	年	月	日
			（氏）	（名）						
④個人番号[基礎年金番号]		⑤喪失年月日	9.令和	年	月　　日	⑥喪失不該当原因	4. 退職等（令和　年　月　日退職等） 5. 死亡（令和　年　月　日死亡） 7. 75歳到達（健康保険のみ喪失） 9. 障害認定（健康保険のみ喪失）			
⑦備考	該当する項目を○で囲んでください。 1. 二以上事業所勤務者の喪失　　3. その他 2. 退職後の継続再雇用者の喪失　〔　　　〕				保険証回収　添付　　　枚 　　　　　　返不能　　　枚		⑧70歳不該当	□70歳以上被用者不該当 （退職日または死亡日を記入してください） 不該当年月日 9.令和　年　月　日		

（健康保険・厚生年金保険適用事業所全喪届）

届書コード 1 0 2

健　康　保　険　適用事業所全喪届
厚　生　年　金　保　険

◎記入の方法については裏面を参照してください。

① 事業所整理記号

② 事業所番号

③ 全喪年月日　令和　　年　　月　　日

④ 全喪の原因
　解散 1　任意脱退認可 4
　休業 2　認定全喪 5
　合併 3　その他 6
　　　　　一括適用 7　　8

⑤ 全喪の理由

⑥ 事業再開見込年月日　令和　　年　　月　　日

送信　全喪後の連絡先

（送信）

受付日付印

社会保険労務士の提出代行者印　㊞

事務センター長
副事務センター長　副所長　課長　グループ長　担当者
所長

住所　〒　－

氏名

電話番号

令和　　年　　月　　日　提出

事業所所在地　〒　－

事業所名称

事業主氏名　㊞

電話　（　　）　　局　　番

（新規適用届）

健康保険　厚生年金保険　**新規適用届**

届書コード　1 0 1

（被保険者資格取得届）

■ 様式第2号　　**雇用保険被保険者資格取得届**

標準字体　０１２３４５６７８９
（必ず第2面の注意事項を読んでから記載してください。）

帳票種別　`1 7 1 0 1`

1. 個人番号 ☐☐☐☐☐☐☐☐☐☐☐☐

2. 被保険者番号 ☐☐☐☐−☐☐☐☐☐☐−☐

3. 取得区分 ☐（1 新規／2 再取得）

4. 被保険者氏名　フリガナ（カタカナ）

5. 変更後の氏名　フリガナ（カタカナ）

6. 性別 ☐（1 男／2 女）

7. 生年月日 元号 ☐☐☐☐☐☐☐（2 大正／3 昭和／4 平成／5 令和）

8. 事業所番号 ☐☐☐☐−☐☐☐☐☐☐−☐

9. 被保険者となったことの原因
- 1 新規／新規雇用（学卒）
- 2 新規雇用（その他）
- 3 日雇からの切替
- 4 その他
- 8 出向元への復帰等（65歳以上）

10. 賃金（支払の態様・賃金月額：単位千円） ☐−☐☐☐☐☐（百万 十万 万 千円）（1 月給 2 週給 3 日給／4 時間給 5 その他）

11. 資格取得年月日 元号 ☐☐☐☐☐☐☐（4 平成／5 令和）

12. 雇用形態 ☐（1 日雇 2 派遣／3 パートタイム 4 有期契約労働者／5 季節的雇用 6 その他／6 船員 7 その他）

13. 職種 ☐☐（01〜11 第2面参照）

14. 就職経路 ☐（1 安定所紹介 2 自己就職／3 民間紹介／4 把握していない）

15. 1週間の所定労働時間 ☐☐時間☐☐分

16. 契約期間の定め
- 1 有　契約期間　元号 ☐☐☐☐☐☐☐ から 元号 ☐☐☐☐☐☐☐ まで（4 平成 5 令和）
  - 契約更新条項の有無 ☐（1 有／2 無）
- 2 無

事業所名 [　　　　　　　　　　　]　　**備考** [　　　　　　　　]

―――――17欄から22欄までは、被保険者が外国人の場合のみ記入してください。―――――

17. 被保険者氏名（ローマ字）（アルファベット大文字で記入してください。）

被保険者氏名〔続き（ローマ字）〕

18. 国籍・地域 （　　　）

19. 在留資格 （　　　）

20. 在留期間 ☐☐☐☐☐☐☐☐ まで（西暦）　年　月　日

21. 資格外活動許可の有無 ☐（1 有／2 無）

22. 派遣・請負就労区分 ☐（1 派遣・請負労働者として主として当該事業所以外で就労する場合／2 1に該当しない場合）

※公共職業安定所記載欄

23. 取得時被保険者種類 ☐☐（1 一般／2 短期常態／3 季節／11 高年齢被保険者（65歳以上））

24. 番号複数取得チェック不要 ☐（チェック・リストが出力されたが、調査の結果、同一人でなかった場合に「1」を記入。）

25. 国籍・地域コード ☐☐（18欄に対応するコードを記入）

26. 在留資格コード ☐☐（19欄に対応するコードを記入）

雇用保険法施行規則第6条第1項の規定により上記のとおり届けます。

住　所

事業主　氏　名　　　　　　記名押印又は署名 印

電話番号

令和　年　月　日

公共職業安定所長　殿

社会保険労務士記載欄	作成年月日・提出代行者・事務代理者の表示	氏　名	電話番号
		印	

※所長	次長	課長	係長	係	操作者

※備考　確認通知 令和　年　月　日

2019. 5

個人の事業承継
Q&A

Q1 事業の一部を承継する場合

父は２店舗で呉服屋を営んでおります。

将来の事業承継に備えて、そのうちの１店舗の経営を私（子）に任してくれることになりました。

この場合の、父と私の課税上の取扱いはどのようになりますか。

父の営む個人事業の一部（１店舗）のみを、今回は俗に「のれん分け」という、事業の一部のみの承継となります。

（父の課税関係）

①父の所得計算

父の営む事業の一部のみ承継であり、父の営む事業は継続していますので、「廃業」とはなりません。

そのため、廃業届の提出などは必要ありません。

②承継した事業に係る棚卸資産

父の事業は廃業にはなりませんが、承継した１店舗に係る棚卸資産は、子へ引継ぎがされますので、その引継ぎの方法（贈与・譲渡）より、取扱いは異なります。

⇒本書「第２章　生前の事業承継　個人事業の廃業」を参照

③承継した事業に係る事業用資産

父の事業は廃業にはなりませんが、承継した１店舗に係る事業用資産は、子へ引継ぎがされますので、その引継ぎの方法（贈与・譲渡・賃貸）より、取扱いは異なります。

⇒本書「第２章　生前の事業承継　個人事業の廃業」を参照

（子の課税関係）

①子の所得計算

父の営む事業の一部を承継し、新たに事業を開始することになるため、

「開業」とはなります。

　そのため、開業届の提出などは必要となります。

⇒本書「第2章　生前の事業承継　個人事業の開業」を参照

②承継した事業に係る棚卸資産

　承継した1店舗に係る棚卸資産の引継ぎがされますので、その引継ぎの方法（贈与・譲渡）より、取扱いは異なります。

⇒本書「第2章　生前の事業承継　個人事業の開業」を参照

③承継した事業に係る事業用資産

　承継した1店舗に係る事業用資産の引継ぎがされますので、その引継ぎの方法（贈与・譲渡・賃貸）より、取扱いは異なります。

⇒本書「第2章　生前の事業承継　個人事業の開業」を参照

Q2 子の事業への編入

父の相続により、父の営んでいた事業を相続することになりました。

私（子）は、以前より個人事業を営んでおり、今後は、父の事業ととも営むこととなりました。

この場合の、父と私の課税上の取扱いはどのようになりますか。

子は既に個人事業を営んでいるため、新規での開業ではなく、相続により承継する父の事業部分が、事業拡大したものとなります。

（父の課税関係）

①父の所得計算

父の相続に伴い、子への事業承継となりますので、父の事業は「廃業」となります。

そのため、廃業届の提出などは必要があります。

②承継した棚卸資産

父の事業は相続に伴い廃業となりますので、棚卸資産は、子へ相続により引継ぎがされます。

⇒本書「第3章　相続の伴う事業承継　個人事業の廃業」を参照

③承継した事業に係る事業用資産

父の事業は相続に伴い廃業となりますので、事業用資産は、子へ相続により引継ぎがされます。

⇒本書「第3章　相続の伴う事業承継　個人事業の廃業」を参照

（子の課税関係）

①子の所得計算

父の営む事業を承継し、既存事業とともに営むことになるため、新たな「開業」とはなりません。

そのため、開業届の提出などは必要ありません。

②相続により承継した棚卸資産

　相続により棚卸資産の引継ぎがされます。

　その取得価額は、相続により取得した場合の取扱いが適用されます。

⇒本書「第3章　相続の伴う事業承継　個人事業の開業」を参照

③承継した事業に係る事業用資産

　相続により事業用資産の引継ぎがされます。

　その取得価額は、相続により取得した場合の取扱いが適用されます。

⇒本書「第3章　相続の伴う事業承継　個人事業の開業」を参照

Q3 親族以外への承継

　父は呉服屋を営んでおりますが、私は高校の先生をしており、呉服屋の経験がないことなどを踏まえて、父の呉服屋は、その従業員の幹部Aさんに引き継いでもらうことになりました。

　この場合の、父と従業員の幹部Aさんの課税上の取扱いはどのようになりますか。

（父の課税関係）

　父の営む事業を親族以外の第三者に事業承継をする場合でも、父の事業は事業承継により廃業となります。

　そのため、廃業に伴う所得計算が必要です。

①その年1月1日～廃業日までの事業所得等

②棚卸資産の引継ぎ（贈与・譲渡）

②事業用資産の引継ぎ（贈与・譲渡・貸借）など

　また、親族以外の第三者への事業承継の際に、棚卸資産や事業用資産の引継ぎのほか、別途、のれん（営業権）の対価を受領することがあります。

　営業権とは、事業の長年にわたる伝統と社会的信用、立地条件、特殊の製造技術及び特殊の取引関係の存在並びにそれらの独占性等を総合したものと解されます。

　そのため、具体的な資産価値を導き出すことは困難なため、事業承継に伴い、他の事業用資産とは区分して、契約書等で、営業権の存在と金額を明示することにより、客観性を補完する必要性があります。

　この営業権の譲渡は、通常、譲渡所得（総合課税）としてとして計算されますが、内容によっては雑所得として課税されることもあります。（平22.6.30　国税不服審判所裁決）

（従業員の幹部Aさんの課税関係）

　幹部Aさんは、事業承継により新たに開業となるため、開業に伴う所得計

算が必要です。

①開業日〜その年12月31日までの事業所得等

②棚卸資産の引継ぎ（贈与・譲渡）

②事業用資産の引継ぎ（贈与・譲渡・貸借）など

なお、贈与により棚卸資産、事業用資産を引き継ぐ場合は、親族においては「相続時精算課税制度」の適用の可能性もありますが、第三者のため通常の贈与税の負担となります。

また、事業承継に伴い営業権を取得した場合は、無形減価償却資産として減価償却の対象となります。

> **償却期間５年（月割計算）にて定額法で計算**

考察

従業員の幹部など第三者への事業承継にあたっては、その事業に係る棚卸資産、事業用資産の譲渡代金が、後継者側で捻出が困難であったり、また、事業承継後の先代の生活資金の確保が問題となります。

そこで、第三者への事業承継にあたっては、次のプロセスで事業承継を進めることもあります。

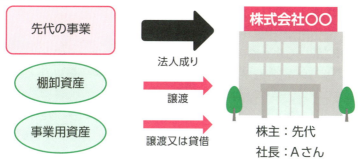

①先代の個人事業を法人成りにより会社の設立。

②個人事業の事業用資産を新設法人に賃貸することにより先代の生活資金の確保が可能となる。
　また、事業用資産を譲渡する場合も法人への譲渡については、時価の１／２以上の対価による譲渡は、低額譲渡に該当しないため「みなし譲渡」の適用はない。

③その後、新設法人の事業状況を見ながら、社長Aさんへ新設法人の株式を段階的に譲渡することにより、資本の事業承継を行う。

④また、事業用資産も新設法人の事業状況を見ながら、会社またはAさんへ譲渡を行う。

Q4 不動産賃貸業の承継

父は不動産賃貸業を営んでおります。

父も高齢になってきたため、その経営を私（子）に任せたいと相談がありました。

父の不動産賃貸業を承継する場合、どのような方法があるでしょうか。

父の不動産賃貸業を、子が承継する場合、その賃貸物件（不動産）を父から子へ引継ぎ、子が不動産賃貸業を承継します。

その不動産については、一般的には譲渡または贈与により引き継ぎます。

父から子へ譲渡により引継ぎ

父 譲渡により不動産の引き継ぎをし、譲渡益が生じた場合は、譲渡所得として課税されます。

また、消費税の課税事業者の場合は、建物部分の譲渡対価は消費税の課税売上となります。

子 譲渡により不動産を引き継ぎ、取得した場合は、その譲渡対価が原則として取得価額となり、建物部分については減価償却の対象となります。

しかし、通常、新規開業の場合、消費税の免税事業者に該当するため、建物の取得に係る消費税相当額は仕入税額控除の対象となりません。

また、譲渡による取得の場合、購入資金の準備が必要となり、不動産の引継ぎが困難となることがあります。

父から子へ贈与により引継ぎ

父 贈与により不動産の引き継ぎをした場合は、父側では課税関係は生じません。

子 贈与により不動産を引継いだ場合は、原則の贈与税の計算によると膨大な贈与税の負担が生じることがあります。

そこで、要件を満たす場合、「相続時精算課税制度」を適用することにより、2,500万円の特別控除分は贈与税負担を軽減することが可能です。贈与の場合は、子側で取得資金を準備する必要がなく、不動産の引継ぎが容易に可能です。

父から子へ貸借により引継ぎ

父の所有する不動産を子へ貸借し、その不動産を子が家主として第三者へ転貸借し、子が第三者より賃貸収入を収受した場合は、どのような課税関係になるのでしょうか。

このように親族の不動産を活用して、所得を得ることがあるかと思います。賃貸収入を得ているのは子となりますので、子の不動産所得とするのが妥当かと考えられこともあります。

しかし、所得税法において「実質所得者課税の原則」が定められており、子が単なる名義人となる場合は、その収益の基因となる資産（不動産）の権利者である父の所得となります。

そのため、父と子の間での貸借契約を明確にし、また、子と第三者との賃貸契約、賃貸物件の管理を子が行っているなど形式的、実質的にも子の賃貸経営であることを明確にしましょう。

> **参考**
>
> **（実質所得者課税の原則）**
> **所得税法第12条**
> 　資産又は事業から生ずる収益の法律上帰属するとみられる者が単なる名義人であつて、その収益を享受せず、その者以外の者がその収益を享受する場合には、その収益は、これを享受する者に帰属するものとして、この法律の規定を適用する。
>
> **（資産から生ずる収益を享受する者の判定）**
> **所得税基本通達12-1**
> 　所得税法第12条の適用上、資産から生ずる収益を享受する者がだれであるかは、その収益の基因となる資産の真実の権利者がだれであるかにより判定すべきであるが、それが明らかでない場合には、その資産の名義者が真実の権利者であるものと推定する。

〈著者紹介〉

仲宗根　宗聡（なかそね　むねとし）

JOHARI税理士法人代表税理士。
昭和45年大阪市生まれ。
平成4年税理士試験合格。
平成9年仲宗根宗聡税理士事務所開業。
平成24年JOHARI税理士法人設立。
大原簿記学校税理士課所得税法、法人税法担当講師として税理士受験講座
や申告実務講座の教鞭をとる。現在は、税務顧問のほか、MAS監査、M&A、
相続対策、事業承継、事業再生、信託コンサルティングなど幅広く活動。

●研修実績：近畿日本鉄道、シャープ、クボタ、尼崎信用金庫、パソナ、ダイキン、
　　　　　　小川珈琲、ジェイコム、関電グループ、丸紅　他
●JOHARI税理士法人ホームページ　http://johari.biz/

個人事業の承継マニュアル

2019年12月23日　発行

編　者　　仲宗根　宗聡 ©

発行者　　小泉　定裕

発売所　　株式会社 清文社

大阪市北区天神橋2丁目北2－6（大和南森町ビル）
〒530-0041　電話 06(6135)4050　FAX 06(6135)4059
東京都千代田区内神田1－6－6（MIFビル）
〒101-0047　電話 03(6273)7946　FAX 03(3518)0299
URL http://www.skattsei.co.jp/

印刷：㈱廣済堂

■著作権法により無断複写複製は禁止されています。落丁本・乱丁本はお取り替えします。
■本書の内容に関するお問い合わせは編集部までFAX(06-6135-4056)でお願いします。
■本書の追録情報等は、当社ホームページ（http://www.skattsei.co.jp）をご覧ください。

ISBN978-4-433-64469-7

> 改訂増補

法人税と所得税をうまく使いこなす
法人成り・個人成りの実務

税理士　小谷羊太／税理士　仲宗根宗聡　著

法人税・所得税における双方のメリット・デメリット、個人事業の廃業時や法人設立時の注意点や手続、法人から個人へ移行する際のポイントを対話形式でわかりやすく解説。

■A5判296頁/定価：本体 2,400円+税

老老相続

> 弁護士・税理士が伝えたい法務と税務！

弁護士　奥原玲子／税理士　平田久美子　著

ますます深刻化する「老老」問題を迎えたあなたが"きっと悩む"相続場面での論点について弁護士、税理士がそれぞれの視点から厳選したQ&Aでわかりやすく解説。

■A5判240頁/定価：本体 2,200円+税

相続税実務の"鉄則"に 従ってはいけないケースと留意点

税理士　平川忠雄　編／税理士　中島孝一　他著

相続税実務の基礎的姿勢と例外的対応を両面から解説。豊富な設例により具体的なメリット・デメリットを理解。個別要素に影響される相続税実務への取組みがわかる。

■A5判328頁/定価：本体 2,600円+税

資産家のための
民法大改正 徹底活用
相続法・債権法＆税金

弁護士　江口正夫／税理士　坪多晶子　著

民法（相続法・債権法）の改正及び関連する税制改正や民法改正を活用した相続・相続税の賢い対策について図表を交えてわかりやすく解説。

■A5判280頁/定価：本体 2,400円+税